Eugène Ionesco

Les Chaises

Édition présentée, établie et annotée
par Michel Lioure

Doyen honoraire
de la Faculté des Lettres
de Clermont-Ferrand

Gallimard

PRÉFACE

Comment oser présenter et commenter Les Chaises, alors que leur auteur a si fréquemment et vigoureusement fustigé les « docteurs », leur incompétence et leur partialité, leur asservissement à des dogmes esthétiques ou idéologiques ? Ionesco a cependant défini les droits et les devoirs de la critique à laquelle il aspirait pour lui-même. Au critique « partisan », prisonnier de ses préjugés personnels et des partis pris de son époque[1], il opposait l'idéal d'un critique essentiellement « descripteur », pratiquant une « critique sans critère » et « sans échelle de valeurs », seulement soucieux de refaire, en l'éclairant, « le parcours du poète », et réservant son jugement subjectif au profit d'un « travail de vérification ou de constat[2] ». Ce serait là, pensait-il, la garantie d'une « critique objective », opérant comme une « radiographie » de l'œuvre, en établissant la « carte d'identité », proposant une « description » précise et « pénétrant dans les articulations intimes, vibrantes de l'œuvre », afin de manifester « son intention et sa signification[3] ». L'on se bornera donc à rappeler ici quels ont été, dans l'esprit de l'auteur, les

1. « L'auteur et ses problèmes », *Notes et contre-notes*, « Folio/ Essais », p. 38.
2. *Ibid.*, p. 29-30.
3. *Ibid.*, p. 33-34.

traits fondamentaux de la composition dramatique, des obsessions psychologiques et des réflexions métaphysiques illustrées dans Les Chaises.

« *C'est une image, une première réplique* », affirmait Ionesco dans L'Impromptu de l'Alma, « *qui déclenche toujours, chez moi, le mécanisme de la création* ». Son théâtre, insistait-il, est « *très visuel* » : « *Tout est dans les répliques, dans le jeu, dans les images scéniques[1].* » Dans son inspiration, la vision de l'espace et de l'objet scéniques est primordiale, antérieure à la conception des personnages, à l'action comme à la signification de la pièce. Ainsi le sujet des Chaises, à l'origine, en est bien l'objet éponyme : « *Lorsque j'ai écrit* Les Chaises, *affirmait-il, j'ai eu d'abord l'image de chaises sur le plateau vide. (...) J'avais tout simplement l'image d'une chambre vide qui serait remplie par des chaises inoccupées. Les chaises arrivant à toute vitesse et de plus en plus vite constituaient l'image centrale.* » Et c'est « *sur cette image initiale, sur cette première obsession* », que s'est « *greffée une histoire* », celle des deux vieillards, « *mais leur histoire est destinée seulement à soutenir l'image initiale, fondamentale, qui donne sa signification à la pièce[2].* »

Antérieure et extérieure à toute interprétation, l'image est donc le donné primitif et spontané sur lequel se construira l'œuvre. Elle en est le fondement et le « sujet » premier. De même que dans Amédée ou Comment s'en débarrasser le cadavre est « *ce qui donne son explication à la pièce[3]* », expliquait Ionesco, le germe initial et générateur des Chaises est la vision d'un espace initialement vide et progressivement envahi par la prolifération des objets : « *La pièce elle-même,*

1. *L'Impromptu de l'Alma*, *Théâtre complet*, Pléiade, p. 427.
2. Claude Bonnefoy, *Entretiens avec Eugène Ionesco*, Belfond, 1966, p. 96.
3. *Ibid.*

insistait l'auteur, c'était : les chaises vides et l'arrivée des chaises, le tourbillon des chaises que l'on apporte, qui occupent tout l'espace scénique[1]. »

L'objet, dans la création d'Eugène Ionesco, joue un rôle essentiel : «Les objets, déclarait-il, deviennent alors des espèces de mots, constituent un langage[2]. » Son imagination est fondamentalement visuelle, et sa dramaturgie spectaculaire ainsi qu'en témoignent les didascalies et indications de mise en scène extrêmement abondantes et précises insérées dans le texte. Le théâtre est bien ici, conformément à l'étymologie, le lieu où l'on donne à voir, l'objet offert au regard. Les Chaises appartiennent à un théâtre où le spectacle est premier, où, selon l'idéal de l'auteur, « l'invisible devient visible, où l'idée se fait image concrète, réalité, où le problème prend chair[3] ». Les chaises, ici, sont des «personnages-objets», jouant «toutes seules», «à mi-chemin entre le figurant et le décor[4] ». C'est en ce sens, en raison de la présence et de la fonction accordées dans son théâtre au réel, que Serge Doubrovsky pouvait avancer, à propos d'Eugène Ionesco, le terme inattendu de «réalisme[5] ».

L'objet, dans ce théâtre, est loin de ne constituer qu'un instrument immobile et passif du décor. Il joue, il bouge, il grouille. L'imagination matérielle d'Eugène Ionesco est fondamentalement dynamique. Le théâtre, à ses yeux, est une «architecture mouvante[6] ». L'espace scénique est animé d'un mouvement perpétuel et accéléré. Ce qui doit frapper le spec-

1. *Ibid.*, p. 84.
2. Rosette Lamont, «Entretien avec Ionesco», *Cahiers de la Compagnie Renaud-Barrault*, n⁰ 53 (février 1966), p. 26-29.
3. «Notes sur le théâtre», *Notes et contre-notes*, p. 307.
4. Marie-Claude Hubert, *Ionesco*, Le Seuil, 1990, p. 105.
5. Serge Doubrovsky, «Le rire d'Eugène Ionesco», *Nouvelle Revue française*, n⁰ 86, 1er février 1960, p. 321.
6. Claude Bonnefoy, *op. cit.*, p. 98.

tateur, c'est le « tourbillon » des chaises « arrivant à toute vitesse et de plus en plus vite[1] ». Le spectacle des Chaises *est un « ballet » dont les objets sont les personnages et la mise en scène la chorégraphie. La préoccupation du premier metteur en scène, expliquait l'auteur, avait été de « régler le mouvement » de ce « tourbillon » que constituait « l'arrivée en vitesse accélérée des chaises », obéissant de plus à une « progression géométrique[2] ». Car, loin de demeurer arbitraire ou seulement constant, le « ballet » des chaises est soumis à un principe essentiel d'« accélération[3] », où l'on reconnaît le goût d'Eugène Ionesco pour les phénomènes obéissant à un processus de mécanisation. Personnages et objets sont entraînés dans un mouvement vertigineux dont le rythme accéléré paraît soumis à une mécanique inhumaine, emballée, incontrôlable et destructrice. Le mouvement ici, paradoxalement, n'est plus signe et source de vie, mais instrument et manifestation de mort. Comme l'accumulation des meubles où est enseveli le « Nouveau Locataire », l'envahissement des chaises vides écrase les personnages accablés sous le poids du néant de leur existence.*

C'est ce mouvement qui ordonne et constitue la progression de l'œuvre. Car une pièce, aux yeux d'Eugène Ionesco, est d'abord une « construction » dont personnages et situation ne sont que les matériaux : « La vraie pièce de théâtre, affirmait-il, c'est plutôt une construction qu'une histoire[4]. » Le théâtre, estimait-il, en s'opposant ostensiblement aux théories brechtiennes, n'a pas pour fonction de « raconter une histoire » : il « ne peut être épique…, puisqu'il est dramatique[5] ». Le « drame pur » auquel il tend, analogue à ce

1. *Ibid.*, p. 96.
2. Simone Benmussa, *Ionesco*, Seghers, 1966, p. 112.
3. Claude Bonnefoy, *Entretiens*, p. 127.
4. «Entretien avec Edith Mora», *Notes et contre-notes*, p. 177.
5. «Autres pages de journal», *ibid.*, p. 322.

qu'est en peinture un tableau non figuratif, résulterait seulement d'«*une opposition de formes, de lignes, d'antagonismes abstraits, sans motivations psychologiques*» : «*Je voudrais pouvoir, quelquefois, pour ma part, écrivait-il, dépouiller l'action théâtrale de tout ce qu'elle a de particulier : son intrigue, les traits accidentels de ses personnages, leur nom, leur appartenance sociale, leur cadre historique, les raisons apparentes du conflit dramatique, toutes justifications, toutes explications, toute la logique du conflit*[1]. » De même que dans La Leçon *la croissante exaspération du Professeur va de pair avec le progressif abrutissement de l'Élève et que la structure de la pièce est fondée sur le croisement de ces deux courbes inverses*, dans Les Chaises, *affirmait l'auteur, les personnages également ne sont que* « *les pivots d'une architecture mouvante*[2] » : « *Les deux vieillards, déclarait-il, servent de pivot à une construction pure, à cette architecture mouvante qu'est une pièce de théâtre*[3]. »

Si le théâtre est spectacle et mouvement, il est aussi langage. Depuis La Cantatrice chauve, *Ionesco s'est acharné à dénoncer la vacuité des conversations réduites à une accumulation de formules et de clichés. La* « *crise du langage* », *estimait-il, manifestait la* « *crise de la pensée*[4] ». *L'inflation des mots résultant de la dévaluation du sens, le langage, asservi à des automatismes, a perdu sa fonction d'expression et de communication.* « *Le verbe est devenu du verbiage.* » *Loin de la soutenir et de la servir,* « *le mot use la pensée, il la détériore*[5] ». *Ionesco, dans* Les Chaises, *aussi bien que*

1. «Notes sur le théâtre, 1953», *ibid.*, p. 293-294.
2. «Notes sur *Les Chaises*», *ibid.*, p. 264.
3. Claude Bonnefoy, *Entretiens*, p. 98.
4. «Ai-je fait de l'anti-théâtre?», *Notes et contre-notes*, p. 328.
5. *Journal en miettes* ‹Folio Essais», 1967, p. 106.

dans La Cantatrice chauve *et* La Leçon, *a donc eu recours à tous les procédés de dérision et de destruction du langage au moyen desquels il entendait dénoncer la vanité du verbe et la nullité des relations sociales. Non contents de véhiculer les lieux communs les plus éculés de la conversation, les répliques et les mots s'enchaîneront selon les lois d'une association purement phonique, étrangère au sentiment comme à la logique. La « parlerie », selon l'expression désormais consacrée, se déroule à la façon d'une « chaîne métonymique[1] », ou selon un jeu gratuit de substitutions paradigmatiques. C'est ainsi qu'à l'énumération déjà fort hétéroclite des invités — « les gardiens ? les évêques ? les chimistes ? les chaudronniers, les violonistes ?... » — se joint soudain la mention, logiquement aberrante, des « porteplume » et des « chromosomes[2] ». La succession « le pape, les papillons et les papiers[3] », de l'aveu de l'auteur, « ne voulait rien dire » et ne constituait que des « sonorités à peu près dénuées de sens », et générées par une pure analogie phonétique[4]. Plus systématiquement encore, l'« histoire » que le Vieux doit raconter à la Vieille inlassablement depuis soixante-quinze ans et qui la fait toujours rire aux éclats n'est qu'un enchaînement de termes associés et entraînés par une proximité phonétique occultant et remplaçant, comme dans une comptine et selon la loi d'un jeu verbal, tout autre ordre logique ou narratif : « Alors on arri... (...) Alors on a ri (...)[5]. » Par ce « parler détérioré », qui ne laisse pas d'évoquer, a-t-on noté, « les efforts faits par les apraxiques » et semble issu d'un « traité de pathologie du*

---

1. Claude Abastado, *Ionesco*, Bordas, 1971, p. 91-92.
2. *Les Chaises*, p. 43.
3. *Ibid.*
4. Claude Bonnefoy, *Entretiens*, p. 156.
5. *Les Chaises*, p. 37-38.

langage[1] », *Ionesco suggérait la « décomposition morale » et mentale des personnages*[2]. *Mais ces jeux verbaux, plus généralement, illustraient « la duplicité et l'échec de la parole », et constituaient autant de « mises en accusation du langage » : dénoncer « l'inanité de la logorrhée humaine », écrivait à ce propos Serge Doubrovsky, conduit à déplorer « la pauvreté insoutenable de la pensée*[3] ».*

De plus la viduité du langage interdit entre les interlocuteurs tout échange authentique. Sur « les ruines de la communication verbale », écrit Jean Vannier, Ionesco fait entrevoir « le silence tragique qui est celui de la solitude des êtres[4] ». *Dialoguant avec des invités qui n'existent pas, les Vieux détruisent aussi la fonction de communication du langage. Le dénouement des Chaises, où l'expression du « Message » est confiée à un Orateur muet, est aussi pleinement significatif : « La parole humaine devenue folle y disparaît pour laisser place au silence » ; « parti de la dérision d'un langage creux », Ionesco « ne nous en libère que pour mieux nous enfermer dans ce silence que ce langage dissimule ». Le* « mot de la fin », *dans* Les Chaises, *est le silence*[5]. *Le message de la pièce est l'absence et l'impossibilité de tout message. Ionesco lui-même affirmait que l'aphasie de l'Orateur exprimait « l'incapacité d'arriver à quoi que ce soit par le langage ». La parole, estimait-il, ne permet pas de « trouver le*

---

1. Maurice Lécuyer, « Ionesco ou la précédence du verbe », *Cahiers de la Compagnie Renaud-Barrault*, nº 53 (février 1966), p. 13 et 15.

2. Programme de la création des *Chaises* au théâtre du Nouveau Lancry, en avril 1952 (voir la notice, p. 109-110).

3. Serge Doubrovsky, *loc. cit.*, p. 320-321.

4. Jean Vannier, « Langages de l'avant-garde », dans *Théâtre populaire*, nº 18 (1er mai 1956), cité par Raymond Laubreaux, *Les Critiques de notre temps et Ionesco*, Garnier, 1973, p. 60.

5. *Ibid.*, p. 61.

chemin de la vérité[1] ». *Les jeux du langage ici, loin de ne manifester qu'une verve et une virtuosité ludiques ou le plaisir gratuit du non-sens, impliquaient donc une critique et une condamnation de la condition humaine, inéluctablement vouée à la solitude et au silence.*

La dramaturgie d'Eugène Ionesco ne saurait en effet se réduire à un pur jeu scénique et langagier. L'homme y est engagé tout entier, avec ses angoisses et ses désirs, ses obsessions, son désespoir et ses espérances. Tout en revendiquant l'invention d'un théâtre «a-psychologique», Ionesco convenait que le «drame pur» devait exprimer des «pulsions, impulsions, expulsions[2]», en d'autres termes illustrer les tentations, inclinations et répulsions humaines. Son théâtre, affirmait-il, est «la projection sur scène du monde du dedans» : rêves, angoisses et désirs constituent sa «matière théâtrale[3]». Seul peut demeurer valable et vivant dans le domaine littéraire, estimait-il, l'écrivain pour qui «la littérature n'est qu'un moyen d'exprimer ses tortures et ses problèmes» : «Les hommes vraiment vivants ne cherchent pas à faire de l'art — ils crient, ils pleurent, ils s'expriment (sans spéculer artificiellement sur l'expression), ils se confessent, ils se dénudent[4].»

Aussi tout en protestant contre une interprétation indiscrètement biographique et fâcheusement réductrice, assimilant les personnages à l'auteur, Ionesco reconnaissait que son théâtre était ou du moins pouvait paraître «une série

1. Dans Marie-Claude Hubert, *Ionesco*, p. 238 et 240.
2. «Notes sur le théâtre, 1953», *Notes et contre-notes*, p. 294.
3. *L'Impromptu de l'Alma, Théâtre*, Pléiade, p. 465.
4. *Facla*, 8 février 1937, cité par Hélène Vianu, «Préludes ionesciens», *Revue des sciences humaines*, nº 117 (janvier-mars 1965), p. 111.

de confessions[1] » : «*Pour moi, déclarait-il, le théâtre — le mien — est, le plus souvent, une confession; je ne fais que des aveux (…). Je tâche de projeter sur scène un drame intérieur[2].* » *Ses personnages, avouait-il, qui lui étaient d'abord extérieurs, se sont progressivement «intériorisés», au point qu'il les a «reconnus» et «adoptés» : «Ils sont devenus miens, une partie de moi-même[3].* » *Dans les Vieux des* Chaises, *il reconnaissait ses «enfants», à la fois issus et «libérés» de leur créateur[4].*

Frédéric Towarnicki n'avait donc pas tort de voir dans Les Chaises *une «pièce intérieure», une «bouleversante confession de l'auteur[5]».* On y reconnaît aisément en effet les fantasmes et les tourments de l'écrivain, et d'abord la hantise de la vieillesse et de la mort. «*J'ai toujours été obsédé par la mort*», répétait Ionesco[6]. Le Journal en miettes *et* Présent passé Passé présent *retentissent à tout instant de cet oppressant* memento mori *: «Nous sommes dans la vie pour mourir. La mort est le but de l'existence[7].»* L'inéluctable écoulement du temps, la fatalité de l'âge et du vieillissement sont perçus comme une «catastrophe[8]». La vieillesse et l'affaiblissement de l'écrivain, loin d'atténuer ces sentiments, en exaspérèrent l'intensité. Dans ses derniers écrits, Ionesco ne cessait de déplorer et de dénoncer le scandale et l'abomination de la décrépitude et de l'anéantissement : «*On naît, on*

1. Claude Bonnefoy, *Entretiens*, p. 66.
2. «Témoignages», *Notes et contre-notes*, p. 222.
3. Dans Marie-Claude Hubert, *op. cit.*, p. 249.
4. *Ibid.*, p. 241.
5. Frédéric Towarnicki, «Des *Chaises* vides… à Broadway», *Spectacles*, n° 2 (1958), cité par Raymond Laubreaux, *Les Critiques de notre temps et Ionesco*, p. 30.
6. «L'auteur et ses problèmes», *Notes et contre-notes*, p. 304.
7. *Journal en miettes*, p. 35.
8. *Présent passé Passé présent*, Mercure de France, 1968, p. 42.

grandit, on vit, toute la nature vit et se précipite dans une chute invraisemblable vers la mort[1]. » La vie n'est qu'un incessant acheminement vers la vieillesse : « Voilà ce que j'ai fait de plus important dans la vie : j'ai vieilli[2]. » Quelques semaines avant son décès, Ionesco déclarait avoir vécu toute sa vie « dans la peur de mourir[3] ». Ainsi la Vieille et le Vieux des Chaises, *âgés respectivement de quatre-vingt-quatorze et quatre-vingt-quinze ans, dans leur solitude et leur déchéance, illustrent-ils l'une des angoisses essentielles auxquelles a toujours été en proie le futur auteur du* Roi se meurt.

À *l'horreur de la vieillesse et de la mort se joint le sentiment de l'échec de la vie. « Nous avons tous peur d'avoir raté notre vie[4] », notait Ionesco, « partagé entre les regrets et les remords[5] ». « Toutes les vies sont gâchées[6] », insistait-il dans* Présent passé Passé présent. *De ce sentiment d'insatisfaction et d'échec, on perçoit un écho dans les lamentations du Vieux, gémissant qu'il a « tout perdu, perdu, perdu[7] », et ressassant ses humiliations, ses malchances et ses malheurs : « J'ai beaucoup souffert dans ma vie… J'aurais pu être quelque chose (…) On m'a fait du mal. Ils m'ont persécuté. (…) On prenait ma place, on me volait, on m'assassinait… J'étais le collectionneur de désastres, le paratonnerre des catastrophes…[8] » Et dans l'ultime espoir du Vieux rêvant de délivrer son « message » et de communiquer la « révélation » qui lui eût permis de « sauver l'humanité[9] », on peut discer-*

1. *Le Figaro,* 1er octobre 1993.
2. *Le Figaro,* 18 février 1994.
3. *Le Figaro,* 29 mars 1994.
4. *Journal en miettes,* p. 113.
5. *Ibid.,* p. 128.
6. *Présent passé Passé présent,* p. 147.
7. *Les Chaises,* p. 57.
8. *Ibid.,* p. 80-81.
9. *Ibid.,* p. 82-83.

ner le sentiment qu'éprouvera parfois Ionesco d'une «mission» inaccomplie, d'une pensée à «transmettre[1]» à la postérité.

Le sentiment d'échec et de frustration engendre et entretient, chez Ionesco et ses personnages, une «nostalgie essentielle[2]» et plus particulièrement la nostalgie de «l'âge d'or», «l'âge de l'enfance[3]» ignorant la peur de la déchéance et de la mort. Mais le besoin de tendresse et de protection, qui pousse le Vieux à appeler pitoyablement sa «maman» et à se réfugier sur les genoux de la Vieille en gémissant qu'il est «orphelin[4]», n'est pas exempt de remords et d'angoisse. Le souvenir de la mère est douloureusement associé à un sentiment d'ingratitude et d'abandon : «J'ai laissé ma mère mourir toute seule dans un fossé. (...) les fils, toujours, abandonnent leur mère, tuent plus ou moins leur père[5].» Comment ne pas reconnaître ici le remords souvent avoué de l'auteur à l'égard de sa mère — et de sa grand-mère — auxquelles il se reprochait de n'avoir pas apporté assez de secours dans leur solitude et leur détresse, au point de rêver de sa grand-mère sous les traits de l'actrice incarnant la Vieille dans Les Chaises : «Je revois ma grand-mère qui ressemblait à une Tsilla Chelton très vieille, les joues creuses, presque cadavérique. Ma grand-mère ou Tsilla Chelton me dit : "Votre mère est là, mais dans quel état. Elle paraît morte, mais elle est toujours vivante." Je vois ma mère en effet, c'est un squelette dans un châssis (...)[6].» Et l'évocation du «fils ingrat» qui a «claqué la porte» et «aban-

1. *La Quête intermittente*, p. 83 et 19.
2. *Présent passé Passé présent*, p. 245.
3. *Journal en miettes*, p. 28.
4. *Les Chaises*, p. 38.
5. *Ibid.*, p. 60.
6. *Un homme en question*, Gallimard, 1979, p. 132.

donné ses parents[1] » est bien évidemment liée au souvenir lancinant de la rupture avec le père et des affrontements si fréquemment et pathétiquement relatés dans le Journal en miettes *et* Présent passé Passé présent[2].

L'identification de l'épouse avec la mère («*Je suis ta femme, c'est moi ta maman maintenant[3]* », «*Je suis ta petite mère[4]* ») est encore un des sentiments de l'auteur, dont le mariage avait comporté comme un «rituel» de «passation des pouvoirs» : «*Ma mère me confia à ma femme, qui me prit en charge et qui est devenue, par la suite, mon seul parent, plus mère que ma mère[5].* » L'amour maternel et protecteur de la Vieille envers le Vieux apparaît alors comme une projection de celui que l'écrivain affirmait avoir trouvé auprès de son épouse : «*Elle a été ma maîtresse, ma petite mère, ma secrétaire, mon docteur, mon infirmière, sans relâche[6].* »

Dans son comportement de fils et d'époux, Ionesco n'a cessé d'éprouver ce «sentiment de culpabilité» qui constitue, selon Renée Saurel, la «pierre angulaire» et le «point central» de son théâtre[7]. Plus généralement, il souffrit toute sa vie d'un «malaise existentiel» qui lui faisait ressentir sans cause apparente une «énorme fatigue», une «amertume» infinie devant la vanité universelle, et qui le rendait particulièrement vulnérable aux «douleurs, chagrins, échecs[8]». À cette «lumière noire» apparaît «la révélation du désastre», de «la catastrophe», de «l'irrémédiable», de «l'échec

1. *Les Chaises*, p. 59.
2. *Présent passé Passé présent*, p. 24-30.
3. *Les Chaises*, p. 39.
4. *Ibid.*, p. 80.
5. *Journal en miettes*, p. 156.
6. *La Quête intermittente*, p. 11.
7. Renée Saurel, «Ionesco ou les blandices de la culpabilité», *Les Temps modernes*, juin 1954, p. 286-287.
8. *Journal en miettes*, p. 25-27.

absolu[1] ». *Cette angoisse engendre un onirisme imprégné de ténèbres et de terreur, qui n'est pas étranger au décor des* Chaises. *Les «murs circulaires» où sont claustrés les Vieux, cernés, de nuit, par «une eau qui croupit», dans une île «tout entourée d'eau[2]», ne sont pas sans rapport avec les rêves obsessionnels relatés dans le* Journal en miettes : « *Le mur d'une grande prison», au pied d'une «tour» entourée d'un «espace vide, triste et blême[3]», ou inversement la maison tombeau qui «s'enfonce dans la terre humide» ou s'engloutit dans l'eau, «image d'angoisse[4]», une eau où se précipiteront les Vieux.*

Un tel décor obéit à cette «verticalité» choisie, comme l'a montré Paul Vernois, comme «axe de polarisation dramaturgique[5]», ici tout entière orientée dans le sens de la chute. Cette rêverie de l'enfoncement («plus on va, plus on s'enfonce[6]») correspond à l'un des «deux états de conscience fondamentaux» dont Ionesco affirmait éprouver en lui l'alternance — l'«évanescence» et la «lourdeur» — et dont le second prédominait le plus souvent : «La légèreté se mue en lourdeur; la transparence en épaisseur; le monde pèse; l'univers m'écrase. Un rideau, un mur infranchissable s'interpose entre moi et le monde, entre moi et moi-même, la matière remplit tout, prend toute la place, anéantit toute liberté sous son poids, l'horizon se rétrécit, le monde devient un cachot étouffant[7].» C'est cet «état de pesanteur très lourde» où sombrait cycliquement Ionesco, ces moments où

1. *Présent passé Passé présent*, p. 249-250.
2. *Les Chaises*, p. 33-34.
3. *Journal en miettes*, p. 75.
4. *Ibid.*, p. 193.
5. Paul Vernois, *La Dynamique théâtrale d'Eugène Ionesco*, Klincksieck, 1991, p. 59.
6. *Les Chaises*, p. 34.
7. «Mes pièces et moi», *Notes et contre-notes* p. 226-228.

prévalaient « *la lassitude, l'accablement, le vieillissement* », où « *le monde devient opaque*[1] », auxquels il a prêté, dans Les Chaises, *une saisissante illustration scénique.*

La subjectivité de ces impressions, liées à l'expérience et à la personnalité de l'auteur, n'ôte évidemment rien à leur valeur humaine. Ionesco est en effet convaincu et a souvent affirmé que le « *je* » est un « *nous*[2] », que « *l'univers de chacun est universel*[3] », car « *chacun est à la fois unique et tout le monde*[4] ». Dès lors « *on peut être objectif à force de subjectivité*[5] », et c'est même « *en étant tout à fait soi-même* », affirmait Ionesco, « *que l'on a des chances d'être aussi les autres*[6] ». En exprimant ses « *obsessions fondamentales* », il manifestait sa « *plus profonde humanité*[7] ».

La portée des Chaises *excède alors assez largement la psychologie d'un individu pour accéder à une signification métaphysique.* Au théâtre en effet Ionesco prétendait « *éviter la psychologie* » pour lui conférer « *une dimension métaphysique*[8] ». Alors que le théâtre actuel lui semblait « *presque uniquement psychologique, social, cérébral ou poétique* », et généralement « *amé타physique* », il aurait tenté, dans Les Chaises, « *un essai de poussée au-delà des limites actuelles du drame*[9] ». Ionesco sur ce point a pu égarer le spectateur par ses variations et ses contradictions. *Dans la présenta-*

1. Dans Gilbert Tarrab, *Ionesco à cœur ouvert*, Montréal, Cercle du Livre de France, 1971, p. 117.
2. *Présent passé Passé présent*, p. 144.
3. *Journal en miettes*, p. 116.
4. *Le Solitaire*, Mercure de France, 1973, p. 108.
5. «Expérience du théâtre», *Notes et contre-notes*, p. 64.
6. «Témoignages», *ibid.*, p. 215-216.
7. «Discours sur l'avant-garde», *ibid.*, p. 87.
8. «Expérience du théâtre», *Notes et contre-notes*, p. 60.
9. «Sur *Les Chaises*», *ibid.*, p. 261-262.

tion de la pièce, en 1952, il suggérait une interprétation psychologique en prétendant avoir voulu exprimer la « décomposition morale » des personnages. Les « invités invisibles » auraient alors signifié « les angoisses, la vengeance inassouvie, la culpabilité, la lâcheté, la vanité, l'humiliation, la défaite des Vieux », tandis que les chaises amoncelées auraient symbolisé « le remords » qui « grandit, s'étend, remplit la scène, colle les Vieux au mur, les tue[1] ». Mais dans une seconde présentation, l'auteur déclarait avoir voulu illustrer, plus profondément, le « sentiment d'irréalité » et la « recherche d'une réalité essentielle, oubliée, innommée[2] ». Par la suite, il affirmera fréquemment que le sujet des Chaises est « le vide ontologique[3] ». Aux critiques enclins à donner de l'œuvre « une explication raisonnable, psychologique, claire », il opposait une interprétation plus proprement métaphysique : « Le thème de la pièce était le néant et non pas l'échec[4]. »

La vision du néant est en effet, dans le théâtre et la pensée d'Eugène Ionesco, une obsession constante. L'« appel du néant », la « peur du néant », déclarait-il, sont son « angoisse permanente[5] ». Toute sa vie l'a « torturé » le « sentiment étrange ou tragique que tout est illusion, qu'il n'y a pas de réalité[6] » : « Le monde n'est-il pas, lui-même, le néant, une fleur du néant, n'est-il pas le vide[7] ? » C'est cette impression de « l'absence » ou de « l'irréalité du réel » que l'auteur enten-

---

1. Programme de la création des *Chaises* au Théâtre du Nouveau Lancry. (Voir la notice, p. 109-110.)
2. *Notes et contre-notes*, p. 257.
3. *Ibid.*, p. 262.
4. Claude Bonnefoy, *Entretiens*, p. 84.
5. Dans Marie-Claude Hubert, *op. cit.*, p. 236.
6. *La Quête intermittente*, p. 96.
7. *Ibid.*, p. 32.

dait exprimer dans Les Chaises, *où les sièges inoccupés manifestaient* « *l'évanescence, la viduité d'un monde qui est là, qui n'est pas là, qui ne sera plus*[1] » : « *C'est l'absence, c'est la viduité, c'est le néant*[2]. » *Le dénouement, où* « *la scène reste vide avec ses chaises* », *accentuait cette impression* : « *Les voix à la fin, bruit du monde, rumeurs, débris de monde, le monde s'en va en fumée, en sons et couleurs qui s'éteignent, les derniers fondements s'écroulent ou plutôt se disloquent. Ou fondent dans une sorte de nuit. Ou dans une éclatante, aveuglante lumière*[3]. »

Cependant le théâtre, aux yeux d'Eugène Ionesco, n'étant pas « *le langage des idées*[4] », *c'est par des procédés spécifiquement scéniques, estimait-il, qu'il convenait de manifester ce sentiment du néant : pour* « *exprimer le vide* », *écrivait-il, il lui fallait recourir aux* « *moyens du langage, des gestes, des accessoires*[5] ». *Mais comment parvenir, sur une scène, où n'est perçu nécessairement que ce qui est offert au regard du spectateur, et sans se contenter de l'expression abstraite et dialoguée des idées, à représenter l'absence, à faire apercevoir, concrètement et sensiblement, la réalité du néant ? Les chaises inoccupées offraient déjà un symbole assez frappant :* « *C'était l'absence totale : des chaises avec personne*[6]. » *Mais le talent du dramaturge est ici d'avoir compris qu'*« *on ne peut créer l'absence que par opposition à des présences*[7] ». *Pour suggérer* « *la vacuité de la réalité, du langage, de la*

---

1. Claude Bonnefoy, *Entretiens*, p. 146.
2. *Ibid.*, p. 84.
3. « Notes sur *Les Chaises* », *Notes et contre-notes*, p. 263. Sur la lumière, voir note 3 de la page 76.
4. « Expérience du théâtre », *ibid.*, p. 57.
5. « Notes sur *Les Chaises* », *ibid.*, p. 263.
6. Claude Bonnefoy, *Entretiens*, p. 84.
7. « Sur *Les Chaises* », *Notes et contre-notes*, p. 260.

pensée humaine », il fallait « encombrer le plateau de plus en plus avec ce vide[1] ». L'accumulation des chaises et des paroles également vides évoquera donc, comme a contrario, la nullité de l'être et de la pensée : « Un vide solide, massif, envahissait tout, s'installait (…) C'était à la fois la multiplicité et l'absence, à la fois la prolifération et le rien[2]. » L'obsession de la prolifération, familière à Ionesco (que l'on songe, entre autres exemples, aux tasses de thé accumulées dans Victimes du devoir, aux meubles asphyxiant le « Nouveau Locataire », ou aux champignons envahissant l'appartement d'Amédée ou Comment s'en débarrasser), devient alors l'instrument d'expression du néant. Le trop-plein, dans l'imagination de l'écrivain, est paradoxalement l'équivalent du vide : « L'univers, encombré par la matière, est vide, alors, de présence[3] », « le trop de présence des objets exprime l'absence spirituelle[4] ». L'envahissement de la matière est proportionnel à l'exténuation de l'esprit. Chez Ionesco, comme chez Sartre, avait noté Serge Doubrovsky, « les choses sont le cauchemar de la conscience[5] ».

Les personnages eux-mêmes ont-ils plus de substance et de poids que les objets ? Comme ceux de La Cantatrice chauve, affirmait Ionesco, « ils sont ontologiquement vides[6] ». Le dramaturge ici joue subtilement sur les paradoxes et les ambiguïtés de la représentation théâtrale. « Les Vieux et l'Orateur, explique-t-il, ne sont pas plus là que les personnes invisibles… Ils n'ont pas plus d'existence que ces derniers et que

1. *Ibid.*
2. Dans Marie-Claude Hubert, *op. cit.*, p. 105.
3. « Mes pièces et moi », *Notes et contre-notes*, p. 228.
4. « Entretiens », *ibid.*, p. 188.
5. Serge Doubrovsky, *loc. cit.*, *N.R.F.*, 1er février 1960, p. 318.
6. Dans Marie-Claude Hubert, *op. cit.*, p. 138.

nos rêves[1]. » *Visibles ou invisibles, absents ou présents, les personnages ont un même degré d'inexistence. L'Orateur, dont la présence est perceptible aux spectateurs, n'a pas plus de raisons d'exister que les invités réputés imaginaires : «Il n'existe ni plus ni moins que les autres personnages», affirmait l'auteur, «il est aussi réel et aussi irréel». L'explication la plus facile et la plus fausse, insistait-il, serait de prêter à la pièce une «signification psychologique ou rationnelle» en considérant que «les Vieux sont des fous ou des gâteux», victimes d'«hallucinations», ou que ces fantômes ne sont que des symboles incarnant «les remords et les souvenirs des deux Vieux[2]». Au théâtre en effet, et dans* Les Chaises *en particulier, rien par définition n'est réel. Mais outre qu'«il faut bien faire voir quelque chose sur la scène[3]», ici la perception du réel doit contribuer à discréditer la réalité de la perception. Le réalisme est paradoxalement le moyen de manifester l'irréalité de l'apparence. En plaçant ainsi sur un même plan le visible et l'invisible, en accordant le même poids d'être aux personnages imaginaires et réels, Ionesco recourait habilement aux jeux de l'illusion comique afin de mieux suggérer la vanité du monde et l'illusion universelle. Plutôt qu'un cas de «délire à deux»,* Les Chaises *illustreraient donc, comme le notait Marie-Claude Hubert, la leçon de l'Ecclésiaste :* «Vanitas vanitatum et omnia vanitas[4].»*

Cet univers absurde et inconsistant serait désespérant si dans ce «théâtre de la dérision», selon l'heureuse expression d'Emmanuel Jacquart, le tragique n'était inextricablement mêlé ou plutôt confondu avec le comique. Ionesco prétendait

---

1. «Notes sur *Les Chaises*», *Notes et contre-notes*, p. 264.
2. «Sur *Les Chaises*», *ibid.*, p. 261.
3. «Notes sur *Les Chaises*», *ibid.*, p. 264.
4. Marie-Claude Hubert, *op. cit.*, p. 97 et 104.

n'avoir «*jamais compris la différence que l'on fait entre tragique et comique*» : «*Le comique étant l'intuition de l'absurde*», il peut sembler «*plus désespéré que le tragique*», et la «*tragédie de l'homme*», inversement, «*dérisoire*[1]». *Éprouvant alternativement ou simultanément* «*un sentiment de la dérision de tout, de comique*», et «*un sentiment déchirant de l'extrême fragilité, précarité du monde*[2]», Ionesco s'est plu, dans la définition de ses pièces, à des associations paradoxales ou, dirait-on, oxymoriques. Si **La Leçon** était qualifiée de «*drame comique*», inversement **Les Chaises** ont l'étiquette de «*farce tragique*», où les deux tons «*co-existent*» et «*se repoussent l'un l'autre en permanence*» : ils «*se mettent en relief*» et «*se nient mutuellement*», constituant ainsi, «*grâce à cette opposition, un équilibre dynamique, une tension*[3]». *Les personnages en effet,* «*des êtres noyés dans l'absence de sens*», selon l'auteur, «*ne peuvent être que grotesques, leur souffrance ne peut être que dérisoirement tragique*[4]». *La pièce, affirmait-il, est une* «*farce métaphysique*[5]». *Et tous les critiques ont été sensibles à la fondamentale ambiguïté de ce théâtre où tout est* «*farce tragique*[6]», *où* «*la tragédie n'est qu'une farce*» *où* «*le rire absurde éclate*[7]», *tandis que* «*la vision comique de l'absurde s'accompagne d'un sentiment tragique de la vie*[8]».

1. «Expérience du théâtre», *Notes et contre-notes*, p. 60-61.

2. «Entretiens», *ibid.*, p. 193.

3. «Expérience du théâtre», *ibid.*, p. 61.

4. «Sur *Les Chaises*», *ibid.*, p. 257.

5. Dans Marie-Claude Hubert, *op. cit.*, p. 238.

6. Richard Coe, «La farce tragique», *Cahiers de la Compagnie Renaud-Barrault*, n° 42 (février 1963).

7. Serge Doubrovsky, *loc. cit.*, p. 323.

8. Jean Delay, «Discours de réception d'Eugène Ionesco à l'Académie française», *Les Nouvelles littéraires*, 25 février 1971.

Il serait cependant erroné de ne percevoir dans Les Chaises *et dans le théâtre en général d'Eugène Ionesco qu'une condamnation sans appel de la condition humaine, accablée sous le poids d'une insignifiance et d'une absurdité dérisoires. La dénonciation de la vanité universelle est l'envers, pathétique et douloureux, d'une recherche et d'une espérance inlassables. Les personnages des* Chaises *sont la grotesque et pitoyable incarnation de tout ce que précisément Ionesco déplore et refuse avec une vaine obstination : la déchéance et l'échec, la médiocrité, la solitude et le désespoir, la vieillesse et la mort. La détérioration du langage et l'impossibilité de communiquer sont les fruits d'un dessèchement du cœur et de l'esprit contre lequel il faut s'insurger et lutter.* Les Chaises, *en ce sens, sont «une plaidoirie pathétique, peut-être, en faveur de la compréhension mutuelle[1]». La prolifération des chaises et l'ensevelissement des personnages offrent une frappante illustration d'un «matérialisme» et d'un «engluement» contre lesquels Ionesco se révolte et mène un «combat perpétuel» : «Je subis la matière, affirmait-il, mais je ne suis pas matérialiste (...) Il y a un refus chez moi de me laisser engluer par les objets, par la matière[2].» Ses pièces, estimait-il, ne sont pas seulement le constat, mais la «dénonciation de la mécanisation et du vide». La «caricature» est une «critique». Si ses personnages sont des marionnettes, assurait-il, ce sont des «marionnettes douloureuses», elles aussi «à la recherche d'une vie, à la recherche d'une réalité essentielle[3]».*

Le théâtre d'Eugène Ionesco, dont Les Chaises *offrent une exemplaire illustration, exprime donc moins, en défini-*

1. «Controverse londonienne», *Notes et contre-notes*, p. 139.
2. Dans Gilbert Tarrab, *Ionesco à cœur ouvert*, p. 67-68.
3. Claude Bonnefoy, *Entretiens*, p. 180.

tive, une désespérance absolue, noyée dans le sentiment de l'absurde et de la dérision, qu'une «nostalgie», une attente, une «soif» et une «faim» essentielles[1], une insatiable et peut-être illusoire aspiration à une «plénitude», à une «certitude», à la conviction que «le monde est vrai, substantiel[2]»: «Tous mes livres, toutes mes pièces, écrivait-il, sont un appel, l'expression d'une nostalgie (...). Toujours à la recherche de cette lumière certaine par-delà les ténèbres, j'écris dans la nuit et dans l'angoisse avec, de temps à autre, l'éclairage de l'humour[3].» Et c'est cette lumière, éblouissante et fugitive, qui accompagne un instant la théophanie de l'Empereur-Dieu[4], et qui pourrait jaillir encore, «éclatante, aveuglante», au dénouement des Chaises[5]. *Comique et tragique, indissolublement associés, engendrent alors ce grand rire libérateur, «douloureux» mais «bienfaisant», par lequel, écrivait Maurice Lécuyer, «l'âme humaine rejette cette condition de marionnette jacassante», et qui témoigne, en dernier ressort, d'un «amour foncier de l'homme[6]». Ainsi* Les Chaises *et le théâtre d'Eugène Ionesco de façon générale, en dépit et au-delà du pessimisme et de l'ironie dénonçant la médiocrité, la précarité, le malheur du monde et de l'humanité, ne laissent pas de rappeler, après Pascal, que la grandeur de l'homme est fondée, pour une part, sur la conscience — et la pitié — de sa misère.*

Michel Lioure

1. *Présent passé Passé présent*, p. 270.
2. *Un homme en question*, p. 95.
3. *Antidotes*, Gallimard, 1977, p. 315.
4. *Les Chaises*, p. 76-77.
5. «Notes sur *Les Chaises*», *Notes et contre-notes*, p. 263.
6. Maurice Lécuyer, *loc. cit.*, p. 18.

LES CHAISES

Farce tragique[1]

PERSONNAGES

LE VIEUX[1], 95 ans   *Paul Chevalier.*
LA VIEILLE, 94 ans   *Tsilla Chelton.*
L'ORATEUR, 45 à 50 ans   *Sylvain Dhomme.*
Et beaucoup d'autres personnages[2].

Les Chaises, *farce tragique, a été jouée pour la première fois le 22 avril 1952, au théâtre Lancry. La mise en scène était de Sylvain Dhomme, les décors de Jacques Noël. La pièce a été reprise au Studio des Champs-Élysées, en février 1956, puis en mars 1961, dans une mise en scène de Jacques Mauclair, avec Jacques Mauclair, dans le rôle du Vieux, Tsilla Chelton dans celui de la Vieille.*

DÉCOR

Murs circulaires[1] avec un renfoncement dans le fond.

C'est une salle très dépouillée. À droite, en partant de l'avant-scène, trois portes. Puis une fenêtre avec un escabeau devant; puis encore une porte. Dans le renfoncement, au fond, une grande porte d'honneur à deux battants et deux autres portes se faisant vis-à-vis, et encadrant la porte d'honneur : ces deux portes, ou du moins l'une d'entre elles, sont presque cachées aux yeux du public. À gauche de la scène, toujours en partant de l'avant-scène, trois portes, une fenêtre avec escabeau et faisant vis-à-vis à la fenêtre de droite, puis un tableau noir et une estrade. Pour plus de facilité, voir le plan annexé.

Sur le devant de la scène, deux chaises côte à côte.

Une lampe à gaz est accrochée au plafond.

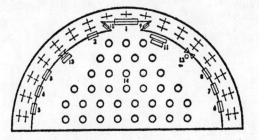

1. Grande porte du fond, à deux battants.
2, 3, 4, 5. Portes latérales droites.
6, 7, 8. Portes latérales gauches.
9, 10. Portes cachées dans le renfoncement.
11. Estrade et tableau noir.
12, 13. Fenêtres (avec escabeau) gauche, droite.
14. Chaises vides.
+++. Couloir (en coulisses).

Le rideau se lève. Demi-obscurité. Le Vieux est penché à la fenêtre de gauche, monté sur l'escabeau[1]. La Vieille allume la lampe à gaz. Lumière verte. Elle va tirer le Vieux par la manche.

LA VIEILLE : Allons, mon chou, ferme la fenêtre, ça sent mauvais l'eau qui croupit et puis il entre des moustiques[2].

LE VIEUX : Laisse-moi tranquille !

LA VIEILLE : Allons, allons, mon chou, viens t'asseoir. Ne te penche pas, tu pourrais tomber dans l'eau. Tu sais ce qui est arrivé à François I[er][3]. Faut faire attention.

LE VIEUX : Encore des exemples historiques ! Ma crotte, je suis fatigué de l'histoire française. Je veux voir ; les barques sur l'eau font des taches au soleil.

LA VIEILLE : Tu ne peux pas les voir, il n'y a pas de soleil, c'est la nuit, mon chou.

LE VIEUX : Il en reste l'ombre.

Il se penche très fort.

LA VIEILLE, *elle le tire de toutes ses forces* : Ah !... tu me fais peur, mon chou… viens t'asseoir, tu ne les verras pas venir. C'est pas la peine. Il fait nuit…

Le Vieux se laisse traîner à regret.

LE VIEUX : Je voulais voir, j'aime tellement voir l'eau.

LA VIEILLE : Comment peux-tu, mon chou?… Ça me donne le vertige. Ah! cette maison, cette île, je ne peux m'y habituer; tout entourée d'eau… de l'eau sous les fenêtres, jusqu'à l'horizon…

La Vieille et le Vieux, la Vieille traînant le Vieux, se dirigent vers les deux chaises au-devant de la scène; le Vieux s'assoit tout naturellement sur les genoux de la Vieille[1].

LE VIEUX : Il est 6 heures de l'après-midi… Il fait déjà nuit. Tu te rappelles, jadis, ce n'était pas ainsi; il faisait encore jour à 9 heures du soir, à 10 heures, à minuit.

LA VIEILLE : C'est pourtant vrai, quelle mémoire!

LE VIEUX : Ça a bien changé.

LA VIEILLE : Pourquoi donc, selon toi?

LE VIEUX : Je ne sais pas, Sémiramis, ma crotte[2]… Peut-être, parce que plus on va, plus on s'enfonce[3]. C'est à cause de la terre qui tourne, tourne, tourne, tourne…

LA VIEILLE : Tourne, tourne, mon petit chou… *(Silence.)* Ah! oui, tu es certainement un grand savant. Tu es très doué, mon chou. Tu aurais pu être président chef, roi chef, ou même docteur chef, maréchal chef, si tu avais voulu, si tu avais eu un peu d'ambition dans la vie[4]…

LE VIEUX : À quoi cela nous aurait-il servi? On n'en aurait pas mieux vécu… et puis, nous avons une situation, je suis maréchal tout de même, des logis, puisque je suis concierge.

LA VIEILLE, *elle caresse le Vieux comme on caresse un enfant* : Mon petit chou, mon mignon...

LE VIEUX : Je m'ennuie beaucoup[1].

LA VIEILLE : Tu étais plus gai, quand tu regardais l'eau... Pour nous distraire, fais semblant comme l'autre soir.

LE VIEUX : Fais semblant toi-même, c'est ton tour.

LA VIEILLE : C'est ton tour.

LE VIEUX : Ton tour.

LA VIEILLE : Ton tour.

LE VIEUX : Ton tour.

LA VIEILLE : Ton tour.

LE VIEUX : Bois ton thé, Sémiramis[2].

Il n'y a pas de thé, évidemment.

LA VIEILLE : Alors, imite le mois de février.

LE VIEUX : Je n'aime pas les mois de l'année.

LA VIEILLE : Pour l'instant, il n'y en a pas d'autres. Allons, pour me faire plaisir...

LE VIEUX : Tiens, voilà le mois de février.

Il se gratte la tête, comme Stan Laurel[3].

LA VIEILLE, *riant, applaudissant* : C'est ça. Merci, merci, tu es mignon comme tout, mon chou. (*Elle l'embrasse.*) Oh ! tu es très doué, tu aurais pu être au moins maréchal chef, si tu avais voulu...

LE VIEUX : Je suis concierge, maréchal des logis.

Silence.

LA VIEILLE : Dis-moi l'histoire, tu sais, l'histoire : *Alors on a ri...*

LE VIEUX : Encore ?... J'en ai assez... *Alors, on a ri ?*
encore celle-là... tu me demandes toujours la même
chose !... « Alors on a ri... » Mais c'est monotone...
Depuis soixante-quinze ans que nous sommes mariés,
tous les soirs, absolument tous les soirs, tu me fais
raconter la même histoire, tu me fais imiter les
mêmes personnes, les mêmes mois... toujours
pareil... parlons d'autre chose...

LA VIEILLE : Mon chou, moi je ne m'en lasse pas...
C'est ta vie, elle me passionne.

LE VIEUX : Tu la connais par cœur.

LA VIEILLE : C'est comme si j'oubliais tout, tout de
suite... J'ai l'esprit neuf tous les soirs... Mais oui, mon
chou, je le fais exprès, je prends des purges... je rede-
viens neuve, pour toi, mon chou, tous les soirs...
Allons, commence, je t'en prie.

LE VIEUX : Si tu veux.

LA VIEILLE : Vas-y alors, raconte ton histoire... Elle
est aussi la mienne, ce qui est tien, est mien ! « Alors,
on arri... »

LE VIEUX : « Alors, on arri... » ma crotte...

LA VIEILLE : « Alors, on arri... » mon chou...

LE VIEUX : « Alors, on arriva près d'une grande grille.
On était tout mouillés, glacés jusqu'aux os, depuis
des heures, des jours, des nuits, des semaines... »

LA VIEILLE : « Des mois... »

LE VIEUX : « ... Dans la pluie... On claquait des
oreilles, des pieds, des genoux, des nez, des dents... il
y a de ça quatre-vingts ans. Ils ne nous ont pas permis
d'entrer... ils auraient pu au moins ouvrir la porte du
jardin[1]... »

Silence.

LA VIEILLE : «Dans le jardin l'herbe était mouillée.»

LE VIEUX : «Il y avait un sentier qui conduisait à une petite place; au milieu, une église de village[1]...» Où était ce village? Tu te rappelles?

LA VIEILLE : Non, mon chou, je ne sais plus.

LE VIEUX : Comment y arrivait-on, où est la route? Ce lieu s'appelait, je crois, Paris...

LA VIEILLE : Ça n'a jamais existé, Paris, mon petit.

LE VIEUX : Cette ville a existé, puisqu'elle s'est effondrée... C'était la ville de lumière, puisqu'elle s'est éteinte, éteinte, depuis quatre cent mille ans[2]... Il n'en reste plus rien aujourd'hui, sauf une chanson.

LA VIEILLE : Une vraie chanson? C'est drôle. Quelle chanson?

LE VIEUX : Une berceuse, une allégorie : *Paris sera toujours Paris*[3].

LA VIEILLE : On y allait par le jardin? Était-ce loin?

LE VIEUX, *rêve, perdu* : La chanson?... la pluie?...

LA VIEILLE : Tu es très doué. Si tu avais eu un peu d'ambition dans la vie, tu aurais pu être un roi chef, un journaliste chef, un comédien chef, un maréchal chef[4]... Dans le trou, tout ceci hélas... dans le grand trou tout noir... Dans le trou noir, je te dis.

Silence.

LE VIEUX : «Alors, on arri...»

LA VIEILLE : Ah! oui, enchaîne... raconte...

LE VIEUX, *tandis que la Vieille se mettra à rire, doucement, gâteuse; puis, progressivement, aux éclats; le Vieux rira aussi* : «Alors, on a ri, on avait mal au ventre, l'histoire était si drôle... le drôle arriva ventre à terre, ventre nu, le drôle avait du ventre... il arriva avec une malle toute pleine de riz; par terre le riz se répan-

dit… le drôle à terre aussi, ventre à terre… alors, on
a ri, on a ri, on a ri, le ventre drôle, nu de riz à terre,
la malle, l'histoire au mal de riz ventre à terre, ventre
nu, tout de riz, alors on a ri, le drôle alors arriva tout
nu, on a ri[1]… »

LA VIEILLE, *riant* : « Alors, on a ri du drôle, alors
arrivé tout nu, on a ri, la malle, la malle de riz, le riz
au ventre, à terre… »

LES DEUX VIEUX, *ensemble, riant* : « Alors, on a ri.
Ah !… ri… arri… arri… Ah !… Ah !… ri… va… arri…
arri… le drôle ventre nu… au riz arriva… au riz
arriva. *(On entend :)* Alors on a… ventre nu… arri… la
malle… *(Puis les deux Vieux petit à petit se calment.)* On
a… ah !… arri… ah !… arri… ah !… arri… va… ri. »

LA VIEILLE : C'était donc ça, ton fameux Paris.

LE VIEUX : Qui pourrait dire mieux.

LA VIEILLE : Oh ! tu es tellement, mon chou, bien,
oh ! tellement, tu sais, tellement, tellement, tu aurais
pu être quelque chose dans la vie, de bien plus qu'un
maréchal des logis.

LE VIEUX : Soyons modestes… contentons-nous de
peu…

LA VIEILLE : Peut-être as-tu brisé ta vocation ?

LE VIEUX, *il pleure soudain* : Je l'ai brisée ? Je l'ai cassée ? Ah ! où es-tu, maman, maman, où es-tu,
maman ?… hi, hi, hi, je suis orphelin[2]. *(Il gémit.)* … un
orphelin, un orpheli…

LA VIEILLE : Je suis avec toi, que crains-tu ?

LE VIEUX : Non, Sémiramis, ma crotte. Tu n'es pas
ma maman… orphelin, orpheli, qui va me défendre ?

LA VIEILLE : Mais je suis là, mon chou !…

LE VIEUX : C'est pas la même chose… je veux ma
maman, na, tu n'es pas ma maman, toi…

LA VIEILLE, *le caressant* : Tu me fends le cœur, pleure pas, mon petit.

LE VIEUX : Hi, hi, laisse-moi ; hi, hi, je me sens tout brisé, j'ai mal, ma vocation me fait mal, elle s'est cassée.

LA VIEILLE : Calme-toi.

LE VIEUX, *sanglotant, la bouche largement ouverte comme un bébé* : Je suis orphelin… orpheli.

LA VIEILLE, *elle tâche de le consoler, le cajole* : Mon orphelin, mon chou, tu me crèves le cœur, mon orphelin.

> *Elle berce le Vieux revenu depuis un moment sur ses genoux.*

LE VIEUX, *sanglots* : Hi, hi, hi ! Ma maman ! Où est ma maman ? J'ai plus de maman.

LA VIEILLE : Je suis ta femme, c'est moi ta maman maintenant[1].

LE VIEUX, *cédant un peu* : C'est pas vrai, je suis orphelin, hi, hi.

LA VIEILLE, *le berçant toujours* : Mon mignon, mon orphelin, orpheli, orphelon, orphelaine, orphelin.

LE VIEUX, *encore boudeur, se laissant faire de plus en plus* : Non… je veux pas ; je veux pa-a-a-as.

LA VIEILLE, *elle chantonne* : Orphelin-li, orphelon-laire, orphelon-lon, orphelon-la.

LE VIEUX : No-o-on… No-o-on.

LA VIEILLE, *même jeu* : Li lon lala, li lon la laire, orphelon-li, orphelon-li-relire-laire, orphelon-li-reli-rela…

LE VIEUX : Hi, hi, hi, hi. *(Il renifle, se calme peu à peu.)* Où elle est, ma maman ?

LA VIEILLE : Au ciel fleuri… elle t'entend, elle te regarde, entre les fleurs ; ne pleure pas, tu la ferais pleurer !

LE VIEUX : C'est même pas vrai… ai… elle ne me voit pas… elle ne m'entend pas. Je suis orphelin dans la vie, tu n'es pas ma maman…

LA VIEILLE, *le Vieux est presque calmé* : Voyons, calme-toi, ne te mets pas dans cet état… tu as d'énormes qualités, mon petit maréchal… essuie tes larmes, ils doivent venir ce soir, les invités, il ne faut pas qu'ils te voient ainsi… tout n'est pas brisé, tout n'est pas perdu, tu leur diras tout, tu expliqueras, tu as un message… tu dis toujours que tu le diras… il faut vivre, il faut lutter pour ton message…

LE VIEUX : J'ai un message, tu dis vrai, je lutte, une mission, j'ai quelque chose dans le ventre, un message à communiquer à l'humanité, à l'humanité[1]…

LA VIEILLE : À l'humanité, mon chou, ton message !…

LE VIEUX : C'est vrai, ça, c'est vrai…

LA VIEILLE, *elle mouche le Vieux, essuie ses larmes* : C'est ça… tu es un homme, un soldat, un maréchal des logis…

LE VIEUX, *il a quitté les genoux de la Vieille et se promène, à petits pas, agité* : Je ne suis pas comme les autres, j'ai un idéal dans la vie. Je suis peut-être doué, comme tu dis, j'ai du talent, mais je n'ai pas de facilité. J'ai bien accompli mon office de maréchal des logis, j'ai toujours été à la hauteur de la situation, honorablement, cela pourrait suffire[2]…

LA VIEILLE : Pas pour toi, tu n'es pas comme les autres, tu es bien plus grand, et pourtant tu aurais beaucoup mieux fait de t'entendre comme tout le monde, avec tout le monde. Tu t'es disputé avec tous tes amis, avec tous les directeurs, tous les maréchaux, avec ton frère.

LE VIEUX : C'est pas ma faute, Sémiramis, tu sais bien ce qu'il a dit.

LA VIEILLE : Qu'est-ce qu'il a dit ?

LE VIEUX : Il a dit : « Mes amis j'ai une puce. Je vous rends visite dans l'espoir de laisser la puce chez vous. »

LA VIEILLE : Ça se dit, mon chéri. Tu n'aurais pas dû faire attention. Mais avec Carel, pourquoi t'es-tu fâché ? c'était sa faute aussi ?

LE VIEUX : Tu vas me mettre en colère, tu vas me mettre en colère. Na. Bien sûr, c'était sa faute. Il est venu un soir, il a dit : « Je vous souhaite bonne chance. Je devrais vous dire le mot qui porte chance ; je ne le dis pas, je le pense. » Et il riait comme un veau.

LA VIEILLE : Il avait bon cœur, mon chou. Dans la vie, il faut être moins délicat.

LE VIEUX : Je n'aime pas ces plaisanteries.

LA VIEILLE : Tu aurais pu être marin chef, ébéniste chef, roi chef d'orchestre.

> *Long silence. Ils restent un temps figés, tout raides sur leurs chaises.*

LE VIEUX, *comme en rêve* : « C'était au bout du bout du jardin… là était… là était… là était… » était quoi, ma chérie ?

LA VIEILLE : La ville de Paris !

LE VIEUX : « Au bout, au bout du bout de la ville de Paris, était, était », était quoi ?

LA VIEILLE : Mon chou, était quoi, mon chou, était qui ?

LE VIEUX : C'était un lieu, un temps exquis…

LA VIEILLE : C'était un temps si beau, tu crois ?

LE VIEUX : Je ne me rappelle pas l'endroit…

LA VIEILLE : Ne te fatigue donc pas l'esprit[1]…

LE VIEUX : C'est trop loin, je ne peux plus... le rat-
traper... où était-ce ?

LA VIEILLE : Mais quoi ?

LE VIEUX : Ce que je... ce que ji... où était-ce ? et qui ?

LA VIEILLE : Que ce soit n'importe où, je te suivrai
partout, je te suivrai, mon chou.

LE VIEUX : Ah ! j'ai tant de mal à m'exprimer... Il
faut que je dise tout.

LA VIEILLE : C'est un devoir sacré. Tu n'as pas le
droit de taire ton message ; il faut que tu le révèles
aux hommes, ils l'attendent... l'univers n'attend plus
que toi.

LE VIEUX : Oui, oui, je dirai.

LA VIEILLE : Es-tu bien décidé ? Il faut.

LE VIEUX : Bois ton thé.

LA VIEILLE : Tu aurais pu être un orateur chef si tu
avais eu plus de volonté dans la vie... je suis fière, je
suis heureuse que tu te sois enfin décidé à parler à
tous les pays, à l'Europe, à tous les continents !

LE VIEUX : Hélas, j'ai tant de mal à m'exprimer, pas
de facilité.

LA VIEILLE : La facilité vient en commençant, comme
la vie et la mort... il suffit d'être bien décidé. C'est en
parlant qu'on trouve les idées, les mots, et puis nous,
dans nos propres mots, la ville aussi, le jardin, on
retrouve peut-être tout, on n'est plus orphelin[1].

LE VIEUX : Ce n'est pas moi qui parlerai, j'ai engagé
un orateur de métier, il parlera en mon nom, tu verras.

LA VIEILLE : Alors, c'est vraiment pour ce soir ? Au
moins les as-tu tous convoqués, tous les personnages,
tous les propriétaires et tous les savants ?

LE VIEUX : Oui, tous les propriétaires et tous les
savants.

Silence.

LA VIEILLE : Les gardiens? les évêques? les chimistes? les chaudronniers? les violonistes? les délégués? les présidents? les policiers? les marchands? les bâtiments? les porte-plume? les chromosomes[1]?

LE VIEUX : Oui, oui, et les postiers, les aubergistes et les artistes, tous ceux qui sont un peu savants, un peu propriétaires!

LA VIEILLE : Et les banquiers?

LE VIEUX : Je les ai convoqués.

LA VIEILLE : Les prolétaires? les fonctionnaires? les militaires? les révolutionnaires? les réactionnaires? les aliénistes et leurs aliénés?

LE VIEUX : Mais oui, tous, tous, tous, puisqu'en somme tous sont des savants ou des propriétaires.

LA VIEILLE : Ne t'énerve pas mon chou, je ne veux pas t'ennuyer, tu es tellement négligent, comme tous les grands génies; cette réunion est importante, il faut qu'ils viennent tous ce soir. Peux-tu compter sur eux? ont-ils promis?

LE VIEUX : Bois ton thé, Sémiramis.

Silence.

LA VIEILLE : Le pape, les papillons et les papiers?

LE VIEUX : Je les ai convoqués. *(Silence.)* Je vais leur communiquer le message... Toute ma vie, je sentais que j'étouffais; à présent, ils sauront tout, grâce à toi, à l'orateur, vous seuls m'avez compris.

LA VIEILLE : Je suis si fière de toi...

LE VIEUX : La réunion aura lieu dans quelques instants.

LA VIEILLE : C'est donc vrai, ils vont venir, ce soir?

Tu n'auras plus envie de pleurer, les savants et les propriétaires remplacent les papas et les mamans. *(Silence.)* On ne pourrait pas ajourner la réunion ? Ça ne va pas trop nous fatiguer ?

> *Agitation plus accentuée. Depuis quelques instants déjà, le Vieux tourne à petits pas indécis, de vieillard ou d'enfant, autour de la Vieille. Il a pu faire un pas ou deux vers une des portes, puis revenir tourner en rond[1].*

LE VIEUX : Tu crois vraiment que ça pourrait nous fatiguer ?

LA VIEILLE : Tu es un peu enrhumé.

LE VIEUX : Comment faire pour décommander ?

LA VIEILLE : Invitons-les un autre soir. Tu pourrais téléphoner.

LE VIEUX : Mon Dieu, je ne peux plus, il est trop tard. Ils doivent déjà être embarqués !

LA VIEILLE : Tu aurais dû être plus prudent.

> *On entend le glissement d'une barque sur l'eau.*

LE VIEUX : Je crois que l'on vient déjà... *(Le bruit du glissement de la barque se fait entendre plus fort.)...* Oui, on vient !...

> *La Vieille se lève aussi et marche en boitillant.*

LA VIEILLE : C'est peut-être l'Orateur.

LE VIEUX : Il ne vient pas si vite. Ça doit être quelqu'un d'autre. *(On entend sonner.)* Ah !

LA VIEILLE : Ah !

> *Nerveusement, le Vieux et la Vieille se diri-*
> *gent vers la porte cachée du fond à droite. Tout*
> *en se dirigeant vers la porte, ils disent :*

LE VIEUX : Allons…

LA VIEILLE : Je suis toute dépeignée… attends un peu…

> *Elle arrange ses cheveux, sa robe, tout en*
> *marchant boitilleusement, tire sur ses gros bas*
> *rouges.*

LE VIEUX : Il fallait te préparer avant… tu avais bien le temps.

LA VIEILLE : Que je suis mal habillée… j'ai une vieille robe, toute fripée…

LE VIEUX : Tu n'avais qu'à la repasser… dépêche-toi ! Tu fais attendre les gens.

> *Le Vieux suivi par la Vieille qui ronchonne*
> *arrive à la porte, dans le renfoncement, on ne*
> *les voit plus, un court instant ; on les entend*
> *ouvrir la porte, puis la refermer après avoir fait*
> *entrer quelqu'un*

VOIX DU VIEUX : Bonjour, madame, donnez-vous la peine d'entrer. Nous sommes enchantés de vous recevoir. Voici ma femme.

VOIX DE LA VIEILLE : Bonjour, madame, très heureuse de vous connaître. Attention, n'abîmez pas votre chapeau. Vous pouvez retirer l'épingle, ce sera plus commode. Oh ! non, on ne s'assoira pas dessus.

VOIX DU VIEUX : Mettez votre fourrure là. Je vais vous aider. Non, elle ne s'abîmera pas.

VOIX DE LA VIEILLE : Oh ! quel joli tailleur… un cor-

sage tricolore... Vous prendrez bien quelques bis-
cuits... Vous n'êtes pas grosse... non... potelée...
Déposez le parapluie.

VOIX DU VIEUX : Suivez-moi, s'il vous plaît.

LE VIEUX, *de dos* : Je n'ai qu'un modeste emploi...

> *Le Vieux et la Vieille se retournent en même
> temps et en s'écartant un peu pour laisser la
> place, entre eux, à l'invitée. Celle-ci est invisible.*
>
> *Le Vieux et la Vieille avancent, maintenant,
> de face, vers le devant de la scène ; ils parlent à
> la Dame invisible qui avance entre eux deux.*

LE VIEUX, *à la Dame invisible* : Vous avez eu beau
temps ?

LA VIEILLE, *à elle-même* : Vous n'êtes pas trop fati-
guée ?... Si, un peu.

LE VIEUX, *à la même* : Au bord de l'eau...

LA VIEILLE, *à la même* : Trop aimable de votre part.

LE VIEUX, *à la même* : Je vais vous apporter une chaise.

> *Le Vieux se dirige à gauche ; il sort par la
> porte n° 6.*

LA VIEILLE, *à la même* : En attendant, prenez cette
chaise. (*Elle indique une des deux chaises et s'assoit sur
l'autre, à droite de la Dame invisible.*) Il fait chaud, n'est-
ce pas ? (*Elle sourit à la Dame.*) Quel joli éventail ! Mon
mari... (*le Vieux réapparaît par la porte n° 7, avec une
chaise*)... m'en avait offert un semblable, il y a
soixante-treize ans... Je l'ai encore... (*le Vieux met la
chaise à gauche de la Dame invisible*)... c'était pour mon
anniversaire !...

> *Le Vieux s'assoit sur la chaise qu'il vient
> d'apporter, la Dame invisible se trouve donc au*

> *milieu, le Vieux, la figure tournée vers la*
> *Dame, lui sourit, hoche la tête, frotte douce-*
> *ment ses mains l'une contre l'autre, a l'air de*
> *suivre ce qu'elle dit. Le jeu de la Vieille est sem-*
> *blable.*

LE VIEUX : Madame, la vie n'a jamais été bon marché.

LA VIEILLE, *à la Dame* : Vous avez raison… *(La Dame parle.)* Comme vous dites. Il serait temps que cela change… *(Changement de ton.)* Mon mari, peut-être, va s'en occuper… il vous le dira.

LE VIEUX, *à la Vieille* : Tais-toi, tais-toi, Sémiramis, ce n'est pas encore le moment d'en parler. *(À la Dame :)* Excusez-moi, madame, d'avoir éveillé votre curiosité. *(La Dame réagit.)* Chère madame, n'insistez pas…

> *Les deux Vieux sourient. Ils rient même. Ils*
> *ont l'air très contents de l'histoire racontée par*
> *la Dame invisible. Une pause, un blanc dans*
> *la conversation. Les figures ont perdu toute*
> *expression.*

LE VIEUX, *à la même* : Oui, vous avez tout à fait raison…

LA VIEILLE : Oui, oui, oui… oh ! que non[1].

LE VIEUX : Oui, oui, oui. Pas du tout.

LA VIEILLE : Oui ?

LE VIEUX : Non !?

LA VIEILLE : Vous l'avez dit.

LE VIEUX, *il rit* : Pas possible.

LA VIEILLE, *elle rit* : Oh ! alors. *(Au Vieux :)* Elle est charmante.

LE VIEUX, *à la Vieille* : Madame a fait ta conquête. *(À la Dame :)* Mes félicitations !…

LA VIEILLE, *à la Dame* : Vous n'êtes pas comme les jeunes d'aujourd'hui…

LE VIEUX, *il se baisse péniblement pour ramasser un objet invisible que la Dame invisible a laissé tomber* : Laissez… ne vous dérangez pas… je vais le ramasser… oh ! vous avez été plus vite que moi…

> *Il se relève.*

LA VIEILLE, *au Vieux* : Elle n'a pas ton âge !

LE VIEUX, *à la Dame* : La vieillesse est un fardeau bien lourd. Je souhaite que vous restiez jeune éternellement.

LA VIEILLE, *à la même* : Il est sincère, c'est son bon cœur qui parle. *(Au Vieux :)* Mon chou !

> *Quelques instants de silence. Les Vieux, de profil à la salle, regardent la Dame, souriant poliment ; ils tournent ensuite la tête vers le public, puis regardent de nouveau la Dame, répondent par des sourires à son sourire ; puis, par les répliques qui suivent à ses questions.*

LA VIEILLE : Vous êtes bien aimable de vous intéresser à nous.

LE VIEUX : Nous vivons retirés.

LA VIEILLE : Sans être misanthrope, mon mari aime la solitude.

LE VIEUX : Nous avons la radio, je pêche à la ligne, et puis il y a un service de bateaux assez bien fait.

LA VIEILLE : Le dimanche, il en passe deux le matin, un le soir, sans compter les embarcations privées.

LE VIEUX, *à la Dame* : Quand il fait beau, il y a la lune.

LA VIEILLE, *à la même* : Il assume toujours ses fonctions de maréchal des logis… ça l'occupe… C'est vrai, à son âge, il pourrait prendre du repos.

LE VIEUX, *à la Dame* : J'aurai bien le temps de me reposer dans la tombe.

LA VIEILLE, *au Vieux* : Ne dis pas ça, mon petit chou… *(À la Dame :)* La famille, ce qu'il en reste, les camarades de mon mari, venaient encore nous voir, de temps à autre, il y a dix ans…

LE VIEUX, *à la Dame* : L'hiver, un bon livre, près du radiateur, des souvenirs de toute une vie…

LA VIEILLE, *à la Dame* : Une vie modeste mais bien remplie… deux heures par jour, il travaille à son message.

> *On entend sonner. Depuis très peu d'instants, on entendait le glissement d'une embarcation*[1].

LA VIEILLE, *au Vieux* : Quelqu'un. Va vite.

LE VIEUX, *à la Dame* : Vous m'excusez, madame ! Un instant ! *(À la Vieille :)* Va vite chercher des chaises !

LA VIEILLE, *à la Dame* : Je vous demande un petit moment, ma chère.

> *On entend de violents coups de sonnette.*

LE VIEUX, *se dépêchant, tout cassé, vers la porte à droite, tandis que la Vieille va vers la porte cachée, à gauche, se dépêchant mal, boitillant* : C'est une personne bien autoritaire. *(Il se dépêche, il ouvre la porte n° 2 ; entrée du Colonel invisible ; peut-être sera-t-il utile que l'on entende, discrètement, quelques sons de trompette, quelques notes du «Salut au colonel» ; dès qu'il a ouvert la porte, apercevant le Colonel invisible, le Vieux se fige en un «garde-à-vous» respectueux.)* Ah !… mon Colonel ! *(Il lève vaguement le bras en direction de son front, pour un salut qui ne se précise pas.)* Bonjour, mon Colonel... C'est un honneur étonnant pour moi... je... je... je ne m'attendais pas... bien que... pourtant... bref, je suis très fier de recevoir, dans ma demeure discrète, un héros de votre taille... *(Il serre la main invisible que lui tend le Colonel invisible et s'incline cérémonieusement, puis se redresse.)* Sans fausse modestie, toutefois, je me permets de vous avouer que je ne me sens pas indigne de votre visite ! Fier, oui... indigne, non !...

>   *La Vieille apparaît avec sa chaise, par la droite.*

LA VIEILLE : Oh ! Quel bel uniforme ! Quelles belles décorations ! Qui est-ce, mon chou ?

LE VIEUX, *à la Vieille* : Tu ne vois donc pas que c'est le Colonel ?

LA VIEILLE, *au Vieux* : Ah !

LE VIEUX, *à la Vieille* : Compte les galons ! *(Au Colonel :)* C'est mon épouse, Sémiramis. *(À la Vieille :)* Approche, que je te présente à mon Colonel. *(La Vieille s'approche, traînant d'une main la chaise, fait une révérence sans lâcher la chaise. Au Colonel :)* Ma femme. *(À la Vieille :)* Le Colonel.

LA VIEILLE : Enchantée, mon Colonel. Soyez le bienvenu. Vous êtes un camarade de mon mari, il est maréchal...

LE VIEUX, *mécontent* : Des logis, des logis...

LA VIEILLE *(le Colonel invisible baise la main de la Vieille ; cela se voit d'après le geste de la main de la Vieille se soulevant comme vers des lèvres ; d'émotion, la Vieille lâche la chaise)* : Oh ! il est bien poli... ça se voit que c'est un supérieur, un être supérieur!… *(Elle reprend la chaise; au Colonel :)* La chaise est pour vous…

LE VIEUX, *au Colonel invisible* : Daignez nous suivre… *(Ils se dirigent tous vers le devant de la scène, la Vieille traînant la chaise; au Colonel :)* Oui, nous avons quelqu'un. Nous attendons beaucoup d'autres personnes!…

> *La Vieille place la chaise à droite.*

LA VIEILLE, *au Colonel* : Asseyez-vous je vous prie.

> *Le Vieux présente l'un à l'autre les deux personnages invisibles.*

LE VIEUX : Une jeune dame de nos amies…

LA VIEILLE : Une très bonne amie…

LE VIEUX, *même jeu* : Le Colonel… un éminent militaire.

LA VIEILLE, *montrant la chaise qu'elle vient d'apporter au Colonel* : Prenez donc cette chaise…

LE VIEUX, *à la Vieille* : Mais non, tu vois bien que le Colonel veut s'asseoir à côté de la Dame!…

> *Le Colonel s'assoit invisiblement sur la troisième chaise à partir de la gauche de la scène; la Dame invisible est supposée se trouver sur la deuxième; une conversation inaudible s'engage entre les deux personnages invisibles assis l'un près de l'autre; les deux Vieux restent debout, derrière leurs chaises, d'un côté et de l'autre des deux invités invisibles; le Vieux à gauche de la Dame, la Vieille, à la droite du Colonel.*

LA VIEILLE, *écoutant la conversation des deux invités* : Oh! Oh! C'est trop fort.

LE VIEUX, *même jeu* : Peut-être. *(Le Vieux et la Vieille, par-dessus les têtes des deux invités, se feront des signes, tout en suivant la conversation qui prend une tournure qui a l'air de mécontenter les Vieux. Brusquement :)* Oui, mon Colonel, ils ne sont pas encore là, ils vont venir. C'est l'Orateur qui parlera pour moi, il expliquera le sens de mon message… Attention, Colonel, le mari de cette dame peut arriver d'un instant à l'autre.

LA VIEILLE, *au Vieux* : Qui est ce monsieur ?

LE VIEUX, *à la Vieille* : Je te l'ai dit, c'est le Colonel.

> *Il se passe, invisiblement, des choses inconvenantes.*

LA VIEILLE, *au Vieux* : Je le savais.

LE VIEUX : Alors pourquoi le demandes-tu ?

LA VIEILLE : Pour savoir. Colonel, pas par terre les mégots !

LE VIEUX, *au Colonel* : Mon Colonel, mon Colonel, j'ai oublié. La dernière guerre, l'avez-vous perdue ou gagnée ?

LA VIEILLE, *à la Dame invisible* : Mais ma petite, ne vous laissez pas faire !

LE VIEUX : Regardez-moi, regardez-moi, ai-je l'air d'un mauvais soldat ? Une fois, mon Colonel, à une bataille…

LA VIEILLE : Il exagère ! C'est inconvenant ! *(Elle tire le Colonel par sa manche invisible.)* Écoutez-le ! Mon chou, ne le laisse pas faire !

LE VIEUX, *continuant vite* : À moi tout seul, j'ai tué deux cent neuf, on les appelait ainsi car ils sautaient très haut pour échapper, pourtant moins nombreux que les mouches, c'est moins amusant, évidemment. Colonel, mais grâce à ma force de caractère, je les ai... Oh! non, je vous en prie, je vous en prie.

LA VIEILLE, *au Colonel* : Mon mari ne ment jamais : nous sommes âgés, il est vrai, pourtant nous sommes respectables.

LE VIEUX, *avec violence au Colonel* : Un héros doit aussi être poli, s'il veut être un héros complet !

LA VIEILLE, *au Colonel* : Je vous connais depuis bien longtemps. Je n'aurais jamais cru cela de votre part. *(À la Dame, tandis que l'on entend des barques :)* Je n'aurais jamais cru cela de sa part. Nous avons notre dignité, un amour-propre personnel.

LE VIEUX, *d'une voix très chevrotante* : Je suis encore en mesure de porter les armes. *(Coup de sonnette.)* Excusez-moi, je vais ouvrir. *(Il fait un faux mouvement, la chaise de la Dame invisible se renverse.)* Oh ! pardon.

LA VIEILLE, *se précipitant* : Vous ne vous êtes pas fait du mal ? *(Le Vieux et la Vieille aident la Dame invisible à se relever.)* Vous vous êtes salie, il y a de la poussière.

> *Elle aide la Dame à s'épousseter. Nouveau coup de sonnette.*

LE VIEUX : Je m'excuse, je m'excuse. *(À la Vieille :)* Va chercher une chaise.

LA VIEILLE, *aux deux invisibles* : Excusez-nous un instant.

> *Tandis que le Vieux va ouvrir la porte n° 3, la Vieille sort pour aller chercher une chaise par la porte n° 5 et reviendra par la porte n° 8[1].*

LE VIEUX, *se dirigeant vers la porte* : Il voulait me faire enrager. Je suis presque en colère. *(Il ouvre la porte.)* Oh ! madame, c'est vous ! Je n'en crois pas mes yeux, et pourtant si... je ne m'y attendais plus du tout...

vraiment c'est… Oh! madame, madame… j'ai pourtant bien pensé à vous, toute ma vie, toute la vie,
madame, on vous appelait la Belle… c'est votre
mari… on me l'a dit, assurément… vous n'avez pas
changé du tout… oh! si, si, comme votre nez s'est
allongé, comme il a gonflé… je ne m'en étais pas
aperçu à première vue, mais je m'en aperçois… terri-
blement allongé… ah! quel dommage! Ce n'est tout
de même pas exprès… comment cela est-il arrivé[1]?…
petit à petit… excusez-moi, monsieur et cher ami,
permettez-moi de vous appeler cher ami, j'ai connu
votre femme bien avant vous… c'était la même, avec
un nez tout différent… je vous félicite, monsieur,
vous avez l'air de beaucoup vous aimer. *(La Vieille, par
la porte nº 8, apparaît avec une chaise.)* Sémiramis, il y a
deux personnes d'arrivées, il faut encore une chaise…
*(La Vieille pose la chaise derrière les quatre autres, puis sort
par la porte nº 8 pour rentrer par la porte nº 5, au bout de
quelques instants, avec une autre chaise qu'elle posera à côté
de celle qu'elle venait d'apporter. À ce moment, le Vieux sera
arrivé avec ses deux invités près de la Vieille.)* Approchez,
approchez, nous avons déjà du monde, je vais vous
présenter… ainsi donc, madame… oh! Belle, Belle,
mademoiselle Belle, ainsi on vous appelait… vous
êtes courbée en deux… oh! monsieur, elle est bien
belle encore quand même, sous ses lunettes, elle a
encore ses jolis yeux; ses cheveux sont blancs, mais
sous les blancs il y a les bruns, les bleus, j'en suis certain… approchez, approchez… qu'est-ce que c'est,
monsieur, un cadeau, pour ma femme? *(À la Vieille qui
vient d'arriver avec la chaise :)* Sémiramis, c'est la Belle,
tu sais, la Belle… *(Au Colonel et à la première Dame invisible :)* C'est Mlle, pardon, Mme Belle, ne souriez pas…

et son mari… *(À la Vieille :)* Une amie d'enfance, je
t'en ai souvent parlé… et son mari. *(De nouveau au
Colonel et à la première Dame invisibles :)* Et son mari…

LA VIEILLE, *fait la révérence* : Il présente bien, ma foi.
Il a belle allure. Bonjour, madame, bonjour, monsieur. *(Elle montre aux nouveaux venus les deux autres personnes invisibles.)* Des amis, oui…

LE VIEUX, *à la Vieille* : Il vient t'offrir un cadeau.

> *La Vieille prend le cadeau.*

LA VIEILLE : Est-ce une fleur, monsieur ? ou un berceau ? un poirier ? ou un corbeau ?

LE VIEUX, *à la Vieille* : Mais non, tu vois bien que c'est
un tableau !

LA VIEILLE : Oh ! comme c'est beau ! Merci, monsieur… *(À la première Dame invisible :)* Regardez, ma
chère amie, si vous voulez.

LE VIEUX, *au Colonel invisible* : Regardez, si vous voulez.

LA VIEILLE, *au mari de la Belle* : Docteur, docteur, j'ai
des nausées, j'ai des bouffées, j'ai mal au cœur, j'ai
des douleurs, je ne sens plus mes pieds, j'ai froid aux
yeux, j'ai froid aux doigts, je souffre du foie, docteur,
docteur !…

LE VIEUX, *à la Vieille* : Ce monsieur n'est pas docteur,
il est photograveur.

LA VIEILLE, *à la première Dame* : Si vous avez fini de le
regarder, vous pouvez l'accrocher. *(Au Vieux :)* Ça ne
fait rien, il est quand même charmant, il est éblouis-
sant. *(Au Photograveur :)* Sans vouloir vous faire de
compliments…

> *Le Vieux et la Vieille doivent maintenant se
> trouver derrière les chaises, tout près l'un de*

> *l'autre, se touchant presque, mais dos à dos[1] ;*
> *ils parlent ; le Vieux à la Belle ; la Vieille au*
> *Photograveur ; de temps en temps, une*
> *réplique, en tournant la tête, est adressée à l'un*
> *ou à l'autre des deux premiers invités.*

LE VIEUX, *à la Belle* : Je suis très ému… Vous êtes bien vous, tout de même… Je vous aimais, il y a cent ans… Il y a en vous un tel changement… Il n'y a en vous aucun changement… Je vous aimais, je vous aime…

LA VIEILLE, *au Photograveur* : Oh ! monsieur, monsieur, monsieur…

LE VIEUX, *au Colonel* : Je suis d'accord avec vous sur ce point.

LA VIEILLE, *au Photograveur* : Oh ! vraiment, monsieur, vraiment… *(À la première Dame :)* Merci de l'avoir accroché… Excusez-moi si je vous ai dérangée.

> *La lumière est plus forte à présent. Elle*
> *devient de plus en plus forte à mesure qu'en-*
> *trent les arrivants invisibles.*

LE VIEUX, *presque pleurnichant, à la Belle* : Où sont les neiges d'antan[2] ?

LA VIEILLE, *au Photograveur* : Oh ! monsieur, monsieur, monsieur… oh ! monsieur…

LE VIEUX, *indiquant du doigt la première Dame à la Belle* : C'est une jeune amie… Elle est très douce…

LA VIEILLE, *indiquant du doigt le Colonel au Photograveur* : Oui, il est colonel d'État à cheval… un camarade de mon mari… un subalterne, mon mari est maréchal…

LE VIEUX, *à la Belle* : Vos oreilles n'ont pas toujours été pointues !… ma belle, vous en souvenez-vous ?

LA VIEILLE, *au Photograveur, minaudant, grotesque ; elle*

doit l'être de plus en plus dans cette scène ; elle montrera ses gros bas rouges, soulèvera ses nombreuses jupes, fera voir un jupon plein de trous, découvrira sa vieille poitrine ; puis, les mains sur les hanches, lancera sa tête en arrière, en poussant des cris érotiques, avancera son bassin, les jambes écartées, elle rira, rire de vieille putain ; ce jeu, tout différent de celui qu'elle a eu jusqu'à présent et de celui qu'elle aura par la suite, et qui doit révéler une personnalité cachée de la Vieille, cessera brusquement[1] : Ce n'est plus de mon âge... Vous croyez ?*

LE VIEUX, *à la Belle, très romantique* : De notre temps, la lune était un astre vivant, ah ! oui, oui, si on avait osé, nous étions des enfants. Voulez-vous que nous rattrapions le temps perdu... peut-on encore ? peut-on encore ? ah ! non, non, on ne peut plus. Le temps est passé aussi vite que le train. Il a tracé des rails sur la peau. Vous croyez que la chirurgie esthétique peut faire des miracles ? *(Au Colonel :)* Je suis militaire, et vous aussi, les militaires sont toujours jeunes, les maréchaux sont comme des dieux... *(À la Belle :)* Il en devrait être ainsi... hélas ! hélas ! nous avons tout perdu. Nous aurions pu être si heureux, je vous le dis ; nous aurions pu, nous aurions pu ; peut-être, des fleurs poussent sous la neige !...

LA VIEILLE, *au Photograveur* : Flatteur ! coquin ! ah ! ah ! Je fais plus jeune que mon âge ? Vous êtes un petit apache ! Vous êtes excitant.

LE VIEUX, *à la Belle* : Voulez-vous être mon Yseult et moi votre Tristan ? la beauté est dans les cœurs... Comprenez-vous ? On aurait eu la joie en partage, la beauté, l'éternité... l'éternité... Pourquoi n'avons-nous pas osé ? Nous n'avons pas assez voulu... Nous avons tout perdu, perdu, perdu.

LA VIEILLE, *au Photograveur* : Oh non, oh ! non, oh ! là
là, vous me donnez des frissons. Vous aussi, vous êtes
chatouillé ? chatouilleux ou chatouilleur ? J'ai un peu
honte… *(Elle rit.)* Aimez-vous mon jupon ? Préférez-
vous cette jupe ?

LE VIEUX, *à la Belle* : Une pauvre vie de maréchal des
logis !

LA VIEILLE, *tourne la tête vers la première Dame invisible* :
Pour préparer des crêpes de Chine ? Un œuf de
bœuf, une heure de beurre, du sucre gastrique. *(Au
Photograveur :)* Vous avez des doigts adroits[1], ah…
tout de mê-ê-ê-me !… oh-oh-oh-oh.

LE VIEUX, *à la Belle* : Ma noble compagne, Sémiramis, a remplacé ma mère. *(Il se tourne vers le Colonel.)*
Colonel, je vous l'avais pourtant bien dit, on prend la
vérité où on la trouve.

> *Il se retourne vers la Belle.*

LA VIEILLE, *au Photograveur* : Vous croyez vraiment,
vraiment, que l'on peut avoir des enfants à tout âge ?
des enfants de tout âge ?

LE VIEUX, *à la Belle* : C'est bien ce qui m'a sauvé : la
vie intérieure, un intérieur calme, l'austérité, mes
recherches scientifiques, la philosophie, mon message…

LA VIEILLE, *au Photograveur* : Je n'ai encore jamais
trompé mon époux, le maréchal… pas si fort, vous
allez me faire tomber… Je ne suis que sa pauvre
maman ! *(Elle sanglote.)* Une arrière, arrière *(elle le
repousse)*, arrière… maman. Ces cris, c'est ma
conscience qui les pousse. Pour moi, la branche du
pommier est cassée. Cherchez ailleurs votre voie. Je
ne veux pas cueillir les roses de la vie[2]…

LE VIEUX, *à la Belle* : ... des préoccupations d'un ordre supérieur...

> *Le Vieux et la Vieille conduisent la Belle et le Photograveur à côté des deux autres invités invisibles, et les font asseoir.*

LE VIEUX *et* LA VIEILLE, *au Photograveur et à la Belle* : Asseyez-vous, asseyez-vous.

> *Les deux Vieux s'assoient, lui à gauche, elle à droite avec les quatre chaises vides entre eux. Longue scène muette, puis ponctuée, de temps à autre, de « non », de « oui », de « non », de « oui »*. Les Vieux écoutent ce que disent les personnes invisibles.*

LA VIEILLE, *au Photograveur* : Nous avons eu un fils... il vit bien sûr... il s'en est allé... c'est une histoire courante... plutôt bizarre... il a abandonné ses parents... il avait un cœur d'or... il y a bien longtemps... Nous qui l'aimions tant... il a claqué la porte... Mon mari et moi avons essayé de le tenir de force... il avait sept ans, l'âge de raison, on lui criait : « Mon fils, mon enfant, mon fils, mon enfant... », il n'a pas tourné la tête[1]...

LE VIEUX : Hélas, non... non... nous n'avons pas eu d'enfant[2]... J'aurais bien voulu avoir un fils... Sémiramis aussi... nous avons tout fait... ma pauvre Sémiramis, elle qui est si maternelle. Peut-être ne le fallait-il pas. Moi-même j'ai été un fils ingrat... Ah !... De la douleur, des regrets, des remords, il n'y a que ça... il ne nous reste que ça...

---

* Les « oui », « non », « oui », doivent partir de façon rythmique, lentement, comme une sorte de mélopée ; puis le rythme s'accélère. Les têtes des Vieux dodelinent selon la cadence.

LA VIEILLE : Il disait : «Vous tuez les oiseaux ! pourquoi tuez-vous les oiseaux ?... — Nous ne tuons pas les oiseaux... on n'a jamais fait de mal à une mouche... » Il avait de grosses larmes dans les yeux. Il ne nous laissait pas les essuyer. On ne pouvait pas l'approcher. Il disait : «Si, vous tuez tous les oiseaux, tous les oiseaux... » Il nous montrait ses petits poings... «Vous mentez, vous m'avez trompé ! Les rues sont pleines d'oiseaux tués, de petits enfants qui agonisent. — C'est le chant des oiseaux !... — Non, ce sont des gémissements. Le ciel est rouge de sang... — Non, mon enfant, il est bleu... » Il criait encore : «Vous m'avez trompé, je vous adorais, je vous croyais bons... les rues sont pleines d'oiseaux morts, vous leur avez crevé les yeux... Papa, maman, vous êtes méchants !... Je ne veux plus rester chez vous... » Je me suis jetée à ses genoux... Son père pleurait. Nous n'avons pas pu l'arrêter... On l'entendit encore crier : «C'est vous les responsables... » Qu'est-ce que c'est «responsable » ?

LE VIEUX : J'ai laissé ma mère mourir toute seule dans un fossé[1]. Elle m'appelait, gémissait faiblement : «Mon petit enfant, mon fils bien-aimé, ne me laisse pas mourir toute seule... Reste avec moi. Je n'en ai pas pour bien longtemps. — Ne t'en fais pas, maman, lui dis-je, je reviendrai dans un instant... » J'étais pressé... j'allais au bal, danser. «Je reviendrai dans un instant. » À mon retour, elle était morte déjà, et enterrée profondément... J'ai creusé la terre, je l'ai cherchée... je n'ai pas pu la trouver... Je sais, je sais, les fils, toujours, abandonnent leur mère, tuent plus ou moins leur père... La vie est comme cela... mais moi, j'en souffre... les autres, pas...

LA VIEILLE : Il criait : «Papa, maman, je ne vous reverrai pas... »

LE VIEUX : J'en souffre, oui, les autres pas...

LA VIEILLE : Ne lui en parlez pas à mon mari. Lui qui aimait tellement ses parents. Il ne les a pas quittés un instant. Il les a soignés, choyés... Ils sont morts dans ses bras, en lui disant : «Tu as été un fils parfait. Dieu sera bon pour toi. »

LE VIEUX : Je la vois encore allongée dans son fossé, elle tenait du muguet dans sa main, elle criait : «Ne m'oublie pas, ne m'oublie pas... » elle avait de grosses larmes dans ses yeux, et m'appelait par mon surnom d'enfant : «Petit poussin, disait-elle, petit poussin, ne me laisse pas toute seule, là. »

LA VIEILLE, *au Photograveur* : Il ne nous a jamais écrit. De temps à autre, un ami nous dit qu'il l'a vu là, qu'il l'a vu ci, qu'il se porte bien, qu'il est un bon mari...

LE VIEUX, *à la Belle* : À mon retour, elle était enterrée depuis longtemps. *(À la première Dame :)* Oh ! si, oh ! si, madame, nous avons le cinéma dans la maison, un restaurant, des salles de bains...

LA VIEILLE, *au Colonel* : Mais oui, Colonel, c'est bien parce qu'il...

LE VIEUX : Dans le fond, c'est bien ça.

Conversation à bâtons rompus, s'enlisant.

LA VIEILLE : Pourvu !

LE VIEUX : Ainsi je n'ai... je lui... Certainement...

LA VIEILLE, *dialogue disloqué ; épuisement* : Bref.

LE VIEUX : À notre, et aux siens.

LA VIEILLE : À ce que.

LE VIEUX : Je le lui ai.

LA VIEILLE : Le, ou la ?

LE VIEUX : Les.

LA VIEILLE : Les papillotes… Allons donc.

LE VIEUX : Il n'en est.

LA VIEILLE : Pourquoi ?

LE VIEUX : Oui.

LA VIEILLE : Je.

LE VIEUX : Bref.

LA VIEILLE : Bref[1].

LE VIEUX, *à la première Dame* : Plaît-il, madame ?

> *Quelques instants, les Vieux restent figés sur leur chaise. Puis on entend de nouveau sonner.*

LE VIEUX, *avec une nervosité qui ira grandissant* : On vient. Du monde. Encore du monde.

LA VIEILLE : Il m'avait bien semblé entendre des barques…

LE VIEUX : Je vais ouvrir. Va chercher des chaises. Excusez-moi, messieurs, mesdames.

> *Il va vers la porte n° 7.*

LA VIEILLE, *aux personnages invisibles qui sont déjà là* : Levez-vous, s'il vous plaît, un instant. L'Orateur doit bientôt venir. Il faut préparer la salle pour la conférence. (*La Vieille arrange les chaises, les dossiers tournés vers la salle.*) Donnez-moi un coup de main. Merci.

LE VIEUX, *il ouvre la porte n° 7* : Bonjour, mesdames, bonjour, messieurs. Donnez-vous la peine d'entrer.

> *Les trois ou quatre personnes invisibles qui arrivent sont très grandes et le Vieux doit se hausser sur la pointe des pieds pour serrer leur main.*

> *La Vieille, après avoir placé les chaises comme il est dit ci-dessus, va à la suite du Vieux.*

LE VIEUX, *faisant les présentations* : Ma femme... monsieur... madame... ma femme... monsieur... madame... ma femme...

LA VIEILLE : Qui sont tous ces gens-là, mon chou?...

LE VIEUX, *à la Vieille* : Va chercher des chaises, chérie.

LA VIEILLE : Je ne peux pas tout faire!...

> *Elle sortira, tout en ronchonnant, par la porte n° 6, rentrera par la porte n° 7, tandis que le Vieux ira avec les nouveaux venus vers le devant de la scène.*

LE VIEUX : Ne laissez pas tomber votre appareil cinématographique... (*Encore des présentations.*) Le Colonel... La Dame... Mme la Belle... Le Photograveur... Ce sont des journalistes, ils sont venus eux aussi écouter le conférencier, qui sera certainement là tout à l'heure... Ne vous impatientez pas... Vous n'allez pas vous ennuyer... tous ensemble... (*La Vieille fait son apparition avec deux chaises par la porte n° 7.*) Allons toi, plus vite avec tes chaises... il en faut encore une.

> *La Vieille va chercher une autre chaise, toujours ronchonnant, par la porte n° 3 et reviendra par la porte n° 8.*

LA VIEILLE : Ça va, ça va... je fais ce que je peux... je ne suis pas une mécanique... Qui sont-ils tous ces gens-là?

> *Elle sort.*

LE VIEUX : Asseyez-vous, asseyez-vous, les dames avec les dames, les messieurs avec les messieurs, ou le contraire, si vous voulez... Nous n'avons pas de chaises plus belles... C'est plutôt improvisé... excusez... prenez celle du milieu... voulez-vous un stylo ?... téléphonez à Maillot, vous aurez Monique... Claude c'est providence[1]... Je n'ai pas la radio... Je reçois tous les journaux... ça dépend d'un tas de choses; j'administre ces logis, mais je n'ai pas de personnel... il faut faire des économies... pas d'interview, je vous en prie, pour le moment... après, on verra... vous allez avoir tout de suite une place assise... mais qu'est-ce qu'elle fait ?... (*La Vieille apparaît par la porte nᵒ 8 avec une chaise.*) Plus vite, Sémiramis...

LA VIEILLE : Je fais de mon mieux... Qui sont-ils tous ces gens-là ?

LE VIEUX : Je t'expliquerai plus tard.

LA VIEILLE : Et celle-là ? celle-là, mon chou ?

LE VIEUX : Ne t'en fais pas... (*Au Colonel :*) Mon Colonel, le journalisme est un métier qui ressemble à celui du guerrier... (*À la Vieille :*) Occupe-toi un peu des dames, ma chérie... (*On sonne. Le Vieux se précipite vers la porte nᵒ 8.*) Attendez, un instant... (*À la Vieille :*) Des chaises !

LA VIEILLE : Messieurs, mesdames, excusez-moi...

> *Elle sortira par la porte nᵒ 3, reviendra par la porte nᵒ 2; le Vieux va ouvrir la porte cachée nᵒ 9 et disparaît au moment où la Vieille réapparaît par la porte nᵒ 3.*

LE VIEUX, *caché*: Entrez... entrez... entrez... entrez... (*Il réapparaît, traînant derrière lui une quantité de personnes invisibles dont un tout petit enfant qu'il tient par la main.)* On ne vient pas avec des petits enfants à une conférence scientifique… Il va s'ennuyer le pauvre petit… s'il se met à crier ou à pisser sur les robes des dames, cela va en faire du joli ! *(Il les conduit au milieu de la scène. La Vieille arrive avec deux chaises.)* Je vous présente ma femme. Sémiramis, ce sont leurs enfants.

LA VIEILLE : Messieurs, mesdames… oh ! qu'ils sont gentils !

LE VIEUX : Celui-là c'est le plus petit.

LA VIEILLE : Qu'il est mignon… mignon… mignon !

LE VIEUX : Pas assez de chaises.

LA VIEILLE : Ah ! la la la la…

> *Elle sort chercher une autre chaise, elle utilisera maintenant pour entrer et sortir les portes n°s 2 et 3 à droite.*

LE VIEUX : Prenez le petit sur vos genoux… Les deux jumeaux pourront s'asseoir sur une même chaise. Attention, elles ne sont pas solides… ce sont les chaises de la maison, elles appartiennent au propriétaire. Oui, mes enfants, il nous disputerait, il est méchant… il voudrait qu'on les lui achète, elles n'en valent pas la peine. *(La Vieille arrive le plus vite qu'elle peut avec une chaise.)* Vous ne vous connaissez pas tous… vous vous voyez pour la première fois… vous vous connaissiez tous de nom… *(À la Vieille :)* Sémiramis, aide-moi à faire les présentations…

LA VIEILLE : Qui sont tous ces gens-là ?… Je vous présente, permettez, je vous présente… mais qui sont-ils ?

LE VIEUX : Permettez-moi de vous présenter… que je vous présente… que je vous la présente… Monsieur, madame, mademoiselle… Monsieur… Madame… Madame… Monsieur…

LA VIEILLE, *au Vieux* : As-tu mis ton tricot ? *(Aux invisibles :)* Monsieur, madame, monsieur…

> *Nouveau coup de sonnette.*

LE VIEUX : Du monde !

> *Un autre coup de sonnette.*

LA VIEILLE : Du monde !

> *Un autre coup de sonnette, puis d'autres, et d'autres encore ; le Vieux est débordé ; les chaises, tournées vers l'estrade, dossiers à la salle, forment des rangées régulières, toujours augmentées, comme pour une salle de spectacle[1] ; le Vieux, essoufflé, s'épongeant le front, va d'une porte à l'autre, place les gens invisibles, tandis que la Vieille, clopin-clopant, n'en pouvant plus, va, le plus vite qu'elle peut, d'une porte à l'autre, chercher et porter des chaises ; il y a maintenant beaucoup de personnes invisibles sur le plateau ; les Vieux font attention pour ne pas heurter les gens ; pour se faufiler entre les rangées de chaises. Le mouvement pourra se faire comme suit : le Vieux va à la porte n° 4, la Vieille sort par la porte n° 3, revient par la porte n° 2 ; le Vieux va ouvrir la porte n° 7, la Vieille sort par la porte n° 8, revient par la porte n° 6 avec les chaises, etc., afin de faire le tour du plateau, par l'utilisation de toutes les portes[2].*

LA VIEILLE : Pardon… pardon… quoi… ben… pardon… pardon…

LE VIEUX : Messieurs, entrez… Mesdames… entrez…
c'est madame… permettez… oui…

LA VIEILLE, *avec des chaises* : Là… là… ils sont trop…
Ils sont vraiment trop, trop… trop nombreux, ah ! la
la la la…

> *On entend du dehors de plus en plus fort et
> de plus en plus près les glissements des barques
> sur l'eau ; tous les bruits ne viennent plus que
> des coulisses. La Vieille et le Vieux continuent
> le mouvement indiqué ci-dessus ; on ouvre des
> portes, on apporte des chaises. Sonnerie inin
> terrompue.*

LE VIEUX : Cette table nous gêne*. (*Il déplace, ou plu
tôt il esquisse le mouvement de déplacer une table, de
manière à ne pas ralentir, aidé par la Vieille.*) Il n'y a
guère de place, ici, excusez-nous…

LA VIEILLE, *en esquissant le geste de débarrasser la table,
au Vieux* : As-tu mis ton tricot ?

> *Coups de sonnette.*

LE VIEUX : Du monde ! Des chaises ! du monde ! des
chaises ! Entrez, entrez messieurs-dames… Sémiramis,
plus vite… On te donnera bien un coup de main…

LA VIEILLE : Pardon… pardon… bonjour, madame…
Madame… Monsieur… Monsieur… oui, oui, les
chaises…

LE VIEUX, *tandis que l'on sonne de plus en plus fort et que
l'on entend le bruit des barques heurtant le quai tout près, et
de plus en plus fréquemment, s'empêtre dans les chaises, n'a*

---

* Réplique supprimée à la représentation ; ainsi que, bien sûr,
l'indication scénique qui suit. Il n'y avait pas de table.

presque pas le temps d'aller d'une porte à l'autre, tellement les sonneries se succèdent vite: Oui, tout de suite… as-tu mis ton tricot? oui, oui… tout de suite, patience, oui, oui… patience…

LA VIEILLE : Ton tricot? Mon tricot?… pardon, pardon.

LE VIEUX : Par ici, messieurs-dames, je vous demande… je vous de… pardon… mande… entrez, entrez… vais conduire… là, les places… chère amie… pas par là… attention… vous mon amie?…

> *Puis, un long moment, plus de paroles. On entend les vagues, les barques, les sonneries ininterrompues. Le mouvement est à son point culminant d'intensité[1]. Les portes s'ouvrent et se ferment toutes à présent, sans arrêt, toutes seules. La grande porte du fond reste fermée. Allées et venues des Vieux, sans un mot, d'une porte à l'autre; ils ont l'air de glisser sur des roulettes. Le Vieux reçoit les gens, les accompagne, mais ne va pas très loin, il leur indique seulement les places après avoir fait un ou deux pas avec eux; il n'a pas le temps. La Vieille apporte des chaises. Le Vieux et la Vieille se rencontrent et se heurtent, une ou deux fois, sans interrompre le mouvement. Puis, au milieu et au fond de la scène, le Vieux, presque sur place, se tournera de gauche à droite, de droite à gauche, etc., vers toutes les portes et indiquera les places du bras. Le bras bougera très vite. Puis, enfin, la Vieille s'arrêtera, avec une chaise à la main, qu'elle posera, reprendra, reposera, faisant mine de vouloir aller elle*

*aussi d'une porte à l'autre, de droite à gauche,
de gauche à droite, bougeant très vite la tête et
le cou ; cela ne doit pas faire tomber le mouvement ; les deux Vieux devront toujours donner
l'impression de ne pas s'arrêter, tout en restant
à peu près sur place ; leurs mains, leur buste,
leur tête, leurs yeux s'agiteront, en dessinant
peut-être des petits cercles. Enfin, ralentisse-
ment, d'abord léger, progressif, du mouvement :
les sonneries moins fortes, moins fréquentes ; les
portes s'ouvriront de moins en moins vite ; les
gestes des Vieux ralentiront progressivement.
Au moment où les portes cesseront tout à fait de
s'ouvrir et de se fermer, les sonneries de se faire
entendre, on devra avoir l'impression que le
plateau est archiplein de monde**

---

* Le nombre des chaises apportées sur le plateau doit être important : une quarantaine au moins ; davantage si possible. Elles arrivent
très vite, de plus en plus vite. Il y a accumulation. Le plateau est
envahi par ces chaises, cette foule des absences présentes. Pour cette
raison (rythme, vitesse), il est préférable que le rôle de la Vieille soit
joué par une comédienne jeune qui compose. Ainsi il en a été à
Paris (Tsilla Chelton) et à Londres et New York (Joan Plowright).
C'est un tour de force, cela doit tenir un peu du cirque. À la fin de
ce numéro, des chaises peuvent également apparaître dans le fond
du décor. Par l'éclairage, la petite chambre des Vieux doit donner
l'impression d'être devenue immense, comme l'intérieur d'une
cathédrale. C'est ainsi qu'elle apparaissait dans la mise en scène de
Jacques Mauclair (1956) et grâce aux décors de Jacques Noël.

Les répliques de la Vieille, lorsque celle-ci répétera les derniers
mots du Vieux, sont tantôt comme un écho très amplifié, tantôt doivent être dites sur un ton de mélopée et de lamentations cadencées.

À partir d'un certain moment, les chaises ne représentent plus
des personnages déterminés (Dame, Colonel, la Belle, Photograveur, etc.), mais bien la foule. Elles jouent toutes seules.

LE VIEUX : Je vais vous placer… patience… Sémiramis, bon sang…

LA VIEILLE, *un grand geste ; les mains vides* : Il n'y a plus de chaises, mon chou. *(Puis, brusquement, elle se mettra à vendre des programmes invisibles dans la salle pleine, aux portes fermées.)* Le programme, demandez le programme, le programme de la soirée, demandez le programme !

LE VIEUX : Du calme, messieurs, mesdames, on va s'occuper de vous… Chacun son tour, par ordre d'arrivée… Vous aurez de la place. On s'arrangera.

LA VIEILLE : Demandez le programme ! Attendez donc un peu, madame, je ne peux pas servir tout le monde à la fois, je n'ai pas trente-trois mains, je ne suis pas une vache… Monsieur, ayez, je vous prie, l'amabilité de passer le programme à votre voisine, merci… ma monnaie, ma monnaie…

C'est pour cela que j'insiste sur le fait qu'il est recommandé au metteur en scène, pendant l'arrivée des dernières vagues de chaises, de laisser la Vieille affolée les apporter sans parler, durant une minute. Pendant cette minute, et pendant que seules les sonneries retentiront sans arrêt, le Vieux, à l'avant-scène, comme un pantin, pourra simplement s'incliner, faire des révérences rapides, tête à droite, à gauche, devant lui, pour saluer les invités.

Nous avions envisagé même d'utiliser une *deuxième Vieille*, ayant une silhouette identique à celle de Sémiramis, qui apporterait des chaises au moment de l'accélération, en entrant de dos et sortant toujours de dos, aussitôt, au moment même où Sémiramis serait sortie du côté opposé du plateau, afin de donner l'impression de la rapidité et que Sémiramis et ses chaises viennent de partout à la fois. *La seconde Vieille* pourrait faire ce jeu une fois ou deux. Une certaine impression de simultanéité pourrait être donnée ainsi : la Vieille semble entrer d'un côté au moment même où elle sort de l'autre et *vice versa*.

LE VIEUX : Puisque je vous dis qu'on va vous placer! Ne vous énervez pas! Par ici, c'est par ici, là, attention… oh, cher ami… chers amis…

LA VIEILLE : … Programme… mandez gramme… gramme…

LE VIEUX : Oui, mon cher, elle est là, plus bas, elle vend les programmes… il n'y a pas de sots métiers… c'est elle… vous la voyez?… vous avez une place dans la deuxième rangée… à droite… non, à gauche… c'est ça!…

LA VIEILLE : … gramme… gramme… programme… demandez le programme…

LE VIEUX : Que voulez-vous que j'y fasse? Je fais de mon mieux! *(À des invisibles assis :)* Poussez-vous un petit peu, s'il vous plaît… encore une petite place, elle sera pour vous, madame… approchez. *(Il monte sur l'estrade, obligé par la poussée de la foule.)* Mesdames, messieurs, veuillez nous excuser, il n'y a plus de places assises…

LA VIEILLE, *qui se trouve à un bout opposé, en face du Vieux, entre la porte nº 3 et la fenêtre* : Demandez le programme… qui veut le programme? Chocolat glacé, caramels… bonbons acidulés… *(Ne pouvant bouger, la Vieille, coincée par la foule, lance ses programmes et ses bonbons au hasard, par-dessus les têtes invisibles.)* En voici! en voilà!

LE VIEUX, *sur l'estrade, debout, très animé; il est bousculé, descend de l'estrade, remonte, redescend, heurte un visage, est heurté par un coude, dit* : Pardon… mille excuses.. faites attention…

> *Poussé, il chancelle, a du mal à rétablir son équilibre, s'agrippe à des épaules.*

LA VIEILLE : Qu'est-ce que c'est que tout ce monde ? Programme, demandez donc le programme, chocolat glacé.

LE VIEUX : Mesdames, mesdemoiselles, messieurs, un instant de silence, je vous en supplie… du silence… c'est très important… les personnes qui n'ont pas de places assises sont priées de bien vouloir dégager le passage… c'est ça… Ne restez pas entre les chaises.

LA VIEILLE, *au Vieux, presque criant* : Qui sont tous ces gens-là, mon chou ? Qu'est-ce qu'ils viennent faire ici ?

LE VIEUX : Dégagez, messieurs-dames. Les personnes qui n'ont pas de places assises doivent, pour la commodité de tous, se mettre debout, contre le mur, là, sur la droite ou la gauche… vous entendrez tout, vous verrez tout, ne craignez rien, toutes les places sont bonnes !

> *Il se fait un grand remue-ménage ; poussé par la foule, le Vieux fera presque le tour du plateau et devra se trouver à la fenêtre de droite, près de l'escabeau ; la Vieille devra faire le même mouvement en sens inverse, et se trouvera à la fenêtre de gauche, près de l'escabeau.*

LE VIEUX, *faisant le mouvement indiqué* : Ne poussez pas, ne poussez pas.

LA VIEILLE, *même jeu* : Ne poussez pas, ne poussez pas.

LE VIEUX, *même jeu* : Poussez pas, ne poussez pas.

LA VIEILLE, *même jeu* : Ne poussez pas, messieurs-dames, ne poussez pas.

LE VIEUX, *même jeu* : Du calme… doucement… du calme… qu'est-ce que…

LA VIEILLE, *même jeu* : Vous n'êtes pourtant pas des sauvages, tout de même.

Ils sont enfin arrivés à leurs places défini-
tives. Chacun près de sa fenêtre. Le Vieux, à
gauche, à la fenêtre du côté de l'estrade. La
Vieille à droite. Ils ne bougeront plus jusqu'à
la fin.

LA VIEILLE, *elle appelle son Vieux* : Mon chou… je ne te
vois plus… où es-tu ? Qui sont-ils ? Qu'est-ce qu'ils
veulent tous ces gens-là ? Qui est celui-là ?

LE VIEUX : Où es-tu ? Où es-tu, Sémiramis ?

LA VIEILLE : Mon chou, où es-tu ?

LE VIEUX : Ici, près de la fenêtre… m'entends-tu ?…

LA VIEILLE : Oui, j'entends ta voix !… Il y en a beaucoup… mais je distingue la tienne.

LE VIEUX : Et toi, où es-tu ?

LA VIEILLE : À la fenêtre, moi aussi !… Mon chéri, j'ai
peur, il y a trop de monde… nous sommes bien loin
l'un de l'autre… à notre âge, nous devons faire attention… nous pourrions nous égarer… Il faut rester
tout près, on ne sait jamais, mon chou, mon chou…

LE VIEUX : Ah !… je viens de t'apercevoir… oh !… on
se reverra, ne crains rien… je suis avec des amis. (*Aux*
amis :) Que je suis content de vous serrer la main…
mais oui, je crois au progrès, ininterrompu, avec des
secousses pourtant, pourtant…

LA VIEILLE : Ça va merci… Quel mauvais temps !
Comme il fait beau ! (*À part :*) J'ai peur quand
même… Qu'est-ce que je fais là ?… (*Elle crie :*) Mon
chou ! Mon chou !…

Chacun de son côté parlera aux invités.

LE VIEUX : Pour empêcher l'exploitation de l'homme
par l'homme, il nous faut de l'argent, de l'argent,
encore de l'argent !

LA VIEILLE : Mon chou ! *(Puis accaparée par des amis :)* Oui, mon mari est là, c'est lui qui organise… là-bas… oh ! vous n'y arriverez pas… il faudrait pouvoir traverser, il est avec des amis…

LE VIEUX : Certainement pas… je l'ai toujours dit… la logique pure, ça n'existe pas… c'est de l'imitation…

LA VIEILLE : Voyez-vous, il y a des gens heureux. Le matin, ils prennent leur petit déjeuner en avion, à midi, ils déjeunent en chemin de fer, le soir, ils dînent en paquebot. Ils dorment la nuit dans des camions qui roulent, roulent, roulent…

LE VIEUX : Vous parlez de la dignité de l'homme ? Tâchons au moins de sauver la face. La dignité n'est que son dos.

LA VIEILLE : Ne glissez pas dans les ténèbres.

> *Elle éclate de rire, en conversation.*

LE VIEUX : Vos compatriotes me le demandent.

LA VIEILLE : Certainement… racontez-moi tout.

LE VIEUX : Je vous ai convoqués… pour qu'on vous explique… l'individu et la personne, c'est une seule et même personne.

LA VIEILLE : Il a l'air emprunté. Il nous doit beaucoup d'argent.

LE VIEUX : Je ne suis pas moi-même. Je suis un autre[1]. Je suis l'un dans l'autre.

LA VIEILLE : Mes enfants, méfiez-vous les uns des autres[2].

LE VIEUX : Je me réveille quelquefois au milieu du silence absolu. C'est la sphère. Il n'y manque rien. Il faut faire attention cependant. Sa forme peut disparaître subitement. Il y a des trous par où elle s'échappe.

LA VIEILLE : Des revenants, voyons, des fantômes, des
rien du tout... Mon mari exerce des fonctions très
importantes, sublimes.

LE VIEUX : Excusez-moi... Ce n'est pas du tout mon
avis !... Je vous ferai connaître à temps mon opinion à
ce sujet... Je ne dirai rien pour le moment !... C'est
l'Orateur, celui que nous attendons, c'est lui qui vous
dira, qui répondra pour moi, tout ce qui nous tient à
cœur... Il vous expliquera tout... quand ?... lorsque
le moment sera venu... le moment viendra bientôt...

LA VIEILLE, *de son côté à ses amis* : Le plus tôt sera le
mieux... Bien entendu... *(À part :)* Ils ne vont plus
nous laisser tranquilles. Qu'ils s'en aillent !... Mon
pauvre chou où est-il ; je ne l'aperçois plus...

LE VIEUX, *même jeu* : Ne vous impatientez pas comme
ça. Vous entendrez mon message. Tout à l'heure.

LA VIEILLE, *à part* : Ah !... j'entends sa voix !... *(Aux
amis :)* Savez-vous, mon époux a toujours été incom-
pris. Son heure enfin est venue.

LE VIEUX : Écoutez-moi. J'ai une riche expérience.
Dans tous les domaines de la vie, de la pensée... Je ne
suis pas un égoïste : il faut que l'humanité en tire son
profit.

LA VIEILLE : Aïe ! Vous me marchez sur les pieds...
J'ai des engelures !

LE VIEUX : J'ai mis au point tout un système. *(À part :)*
L'Orateur devrait être là. *(Haut :)* J'ai énormément
souffert.

LA VIEILLE : Nous avons beaucoup souffert. *(À part :)*
L'Orateur devrait être là ! C'est l'heure pourtant.

LE VIEUX : Beaucoup souffert, beaucoup appris.

LA VIEILLE, *comme l'écho* : Beaucoup souffert, beaucoup appris.

LE VIEUX : Vous verrez vous-même, mon système est parfait.

LA VIEILLE, *comme l'écho* : Vous verrez vous-même, son système est parfait[1].

LE VIEUX : Si on veut bien obéir à mes instructions.

LA VIEILLE, *écho* : Si on veut suivre ses instructions.

LE VIEUX : Sauvons le monde !...

LA VIEILLE, *écho* : Sauver son âme en sauvant le monde[2] !...

LE VIEUX : Une seule vérité pour tous !

LA VIEILLE, *écho* : Une seule vérité pour tous !

LE VIEUX : Obéissez-moi !...

LA VIEILLE, *écho* : Obéissez-lui !...

LE VIEUX : Car j'ai la certitude absolue !...

LA VIEILLE, *écho* : Il a la certitude absolue !

LE VIEUX : Jamais...

LA VIEILLE, *écho* : Au grand jamais...

> *Soudain on entend dans les coulisses du bruit, des fanfares.*

LA VIEILLE : Que se passe-t-il ?

> *Les bruits grandissent, puis la porte du fond s'ouvre toute grande, à grand fracas ; par la porte ouverte, on n'aperçoit que le vide, mais, très puissante, une grande lumière envahit le plateau par la grande porte et les fenêtres qui, à l'arrivée de l'Empereur, également invisible, se sont fortement éclairées[3].*

LE VIEUX : Je ne sais pas... Je ne crois pas... est-ce possible... mais oui... mais oui... incroyable... et pourtant si... oui... si... oui... c'est l'Empereur ! Sa Majesté l'Empereur[4] !

> *Lumière maximum d'intensité, par la porte*
> *ouverte, par les fenêtres; mais lumière froide,*
> *vide; des bruits encore qui cesseront brusque-*
> *ment.*

LA VIEILLE : Mon chou… mon chou… qui est-ce ?

LE VIEUX : Levez-vous !… C'est Sa Majesté l'Empereur ! L'Empereur, chez moi, chez nous… Sémiramis… te rends-tu compte ?

LA VIEILLE, *ne comprenant pas* : L'Empereur… L'Empereur ? mon chou ! *(Puis soudain, elle comprend.)* Ah !
oui, l'Empereur ! Majesté ! Majesté ! *(Elle fait éperdu-*
ment des révérences grotesques, innombrables.) Chez nous !
chez nous !

LE VIEUX, *pleurant d'émotion* : Majesté !… Oh ! ma
Majesté !… ma petite, ma grande Majesté !… Oh !
quelle sublime grâce… c'est un rêve merveilleux…

LA VIEILLE, *comme l'écho* : Rêve merveilleux…
erveilleux.

LE VIEUX, *à la foule invisible* : Mesdames, messieurs,
levez-vous, notre souverain bien-aimé, l'Empereur,
est parmi nous ! Hourra ! Hourra !

> *Il monte sur l'escabeau; il se soulève sur la*
> *pointe des pieds pour pouvoir apercevoir l'Em-*
> *pereur; la Vieille, de son côté, fait de même.*

LA VIEILLE : Hourra ! Hourra !

> *Trépignements.*

LE VIEUX : Votre Majesté !… Je suis là !… Votre
Majesté ! M'entendez-vous ? Me voyez-vous ? Faites
donc savoir à Sa Majesté que je suis là ! Majesté !
Majesté ! Je suis là, votre plus fidèle serviteur !…

LA VIEILLE, *toujours faisant écho* : Votre plus fidèle serviteur, Majesté !

LE VIEUX : Votre serviteur, votre esclave, votre chien, haouh, haouh, votre chien, Majesté…

LA VIEILLE, *pousse très fort des hurlements de chien* : Houh… houh… houh…

LE VIEUX, *se tordant les mains* : Me voyez-vous. Répondez, Sire !… Ah, je vous aperçois, je viens d'apercevoir la figure auguste de Votre Majesté… Votre front divin… Je l'ai aperçu, oui, malgré l'écran des courtisans…

LA VIEILLE : Malgré les courtisans… nous sommes là, Majesté.

LE VIEUX : Majesté ! Majesté ! Ne laissez pas, mesdames, messieurs, Sa Majesté debout… vous voyez ma Majesté, je suis vraiment le seul à avoir soin de vous, de votre santé, je suis le plus fidèle de vos sujets.

LA VIEILLE, *écho* : Les plus fidèles sujets de Votre Majesté !

LE VIEUX : Laissez-moi donc passer, mesdames et messieurs… comment faire pour me frayer un passage dans cette cohue… il faut que j'aille présenter mes très humbles respects à Sa Majesté l'Empereur… Laissez-moi passer…

LA VIEILLE, *écho* : Laissez-le passer… laissez-le passer… passer… asser…

LE VIEUX : Laissez-moi passer, laissez-moi donc passer. *(Désespéré :)* Ah ! arriverai-je jamais jusqu'à lui ?

LA VIEILLE, *écho* : À lui… à lui…

LE VIEUX : Pourtant, mon cœur et tout mon être sont à ses pieds, la foule des courtisans l'entoure, ah ! ah ! ils veulent m'empêcher d'arriver jusqu'à lui… Ils se doutent bien eux tous que… oh! je m'entends, je m'entends… Les intrigues de la cour, je connais ça… On veut me séparer de Votre Majesté!

LA VIEILLE : Calme-toi, mon chou… Sa Majesté te voit, te regarde… Sa Majesté m'a fait un clin d'œil… Sa Majesté est avec nous!…

LE VIEUX : Qu'on donne à l'Empereur la meilleure place… près de l'estrade… qu'il entende tout ce que dira l'Orateur.

LA VIEILLE, *se hissant sur son escabeau, sur la pointe des pieds, soulevant son menton le plus haut qu'elle peut, pour mieux voir* : On s'occupe de l'Empereur enfin.

LE VIEUX : Le ciel soit loué. *(À l'Empereur :)* Sire… que Votre Majesté ait confiance. C'est un ami, mon représentant, qui est auprès de Votre Majesté. *(Sur la pointe des pieds, debout sur un escabeau.)* Messieurs, mesdames, mesdemoiselles, mes petits enfants, je vous implore…

LA VIEILLE, *écho* : Plore… plore…

LE VIEUX : … Je voudrais voir… écartez-vous… je voudrais… le regard céleste, le respectable visage, la couronne, l'auréole de Sa Majesté… Sire, daignez tourner votre illustre face de mon côté, vers votre serviteur humble… si humble… oh! j'aperçois nettement cette fois… j'aperçois…

LA VIEILLE, *écho* : Il aperçoit cette fois… il aperçoit… perçoit… çoit…

LE VIEUX : Je suis au comble de la joie… je n'ai pas de parole pour exprimer la démesure de ma gratitude… dans mon modeste logis, oh! Majesté! oh! soleil!… ici… ici… dans ce logis où je suis, il est vrai, le maréchal… mais dans la hiérarchie de votre armée, je ne suis qu'un simple maréchal des logis…

LA VIEILLE, *écho* : Maréchal des logis…

LE VIEUX : J'en suis fier… fier et humble, à la fois…
comme il se doit… hélas! certes, je suis maréchal,
j'aurais pu être à la cour impériale, je ne surveille ici
qu'une petite cour… Majesté… je… Majesté, j'ai du
mal à m'exprimer… j'aurais pu avoir… beaucoup de
choses, pas mal de biens si j'avais su, si j'avais voulu, si
je… si nous… Majesté, excusez mon émotion…

LA VIEILLE : À la troisième personne!

LE VIEUX, *pleurnichant* : Que Votre Majesté daigne
m'excuser! Vous êtes donc venu… on n'espérait
plus… on aurait pu ne pas être là… oh! sauveur, dans
ma vie, j'ai été humilié…

LA VIEILLE, *écho, sanglotant* : … milié… milié…

LE VIEUX : J'ai beaucoup souffert dans ma vie… J'aurais pu être quelque chose, si j'avais pu être sûr de
l'appui de Votre Majesté… je n'ai aucun appui… si
vous n'étiez pas venu, tout aurait été trop tard… Vous
êtes, Sire, mon dernier recours…

LA VIEILLE, *écho* : Dernier recours… Sire… ernier
recours… ire… recours…

LE VIEUX : J'ai porté malheur à mes amis, à tous ceux
qui m'ont aidé… La foudre frappait la main qui vers
moi se tendait…

LA VIEILLE, *écho* : … mains qui se tendaient… tendaient… aient…

LE VIEUX : On a toujours eu de bonnes raisons de
me haïr, de mauvaises raisons de m'aimer…

LA VIEILLE : C'est faux, mon chou, c'est faux. Je
t'aime moi, je suis ta petite mère…

LE VIEUX : Tous mes ennemis ont été récompensés
et mes amis m'ont trahi…

LA VIEILLE, *écho* : Amis… trahi… trahi…

LE VIEUX : On m'a fait du mal. Ils m'ont persécuté. Si je me plaignais, c'est à eux que l'on donnait toujours raison… J'ai essayé, parfois, de me venger… je n'ai jamais pu, jamais pu me venger… j'avais trop pitié… je ne voulais pas frapper l'ennemi à terre, j'ai toujours été trop bon.

LA VIEILLE, *écho* : Il était trop bon, bon, bon, bon, bon…

LE VIEUX : C'est ma pitié qui m'a vaincu…

LA VIEILLE, *écho* : Ma pitié… pitié… pitié…

LE VIEUX : Mais eux n'avaient pas pitié. Je donnais un coup d'épingle, ils me frappaient à coups de massue, à coups de couteau, à coups de canon, ils me broyaient les os…

LA VIEILLE, *écho* : … les os… les os… les os…

LE VIEUX : On prenait ma place, on me volait, on m'assassinait… J'étais le collectionneur de désastres, le paratonnerre des catastrophes…

LA VIEILLE, *écho* : Paratonnerre… catastrophe… paratonnerre…

LE VIEUX : Pour oublier, Majesté, j'ai voulu faire du sport… de l'alpinisme… on m'a tiré par les pieds pour me faire glisser… j'ai voulu monter des escaliers, on m'a pourri les marches… Je me suis effondré… J'ai voulu voyager, on m'a refusé le passeport… J'ai voulu traverser la rivière, on m'a coupé les ponts…

LA VIEILLE, *écho* : Coupé les ponts.

LE VIEUX : J'ai voulu franchir les Pyrénées, il n'y avait déjà plus de Pyrénées.

LA VIEILLE, *écho* : Plus de Pyrénées… Il aurait pu être, lui aussi, Majesté, comme tant d'autres, un rédacteur chef, un acteur chef, un docteur chef, Majesté, un roi chef…

le vieux : D'autre part on n'a jamais voulu me prendre en considération… on ne m'a jamais envoyé les cartes d'invitation… Pourtant moi, écoutez, je vous le dis, moi seul aurais pu sauver l'humanité, qui est bien malade. Votre Majesté s'en rend compte comme moi… ou, du moins, j'aurais pu lui épargner les maux dont elle a tant souffert ce dernier quart de siècle, si j'avais eu l'occasion de communiquer mon message ; je ne désespère pas de la sauver, il est encore temps, j'ai le plan… hélas, je m'exprime difficilement…

la vieille, *par-dessus les têtes invisibles* : L'Orateur sera là, il parlera pour toi. Sa Majesté est là… ainsi on écoutera, tu n'as plus à t'inquiéter, tu as tous les atouts, ça a changé, ça a changé…

le vieux : Que Votre Majesté me pardonne… elle a bien d'autres soucis… j'ai été humilié… Mesdames et messieurs, écartez-vous un tout petit peu, ne me cachez pas complètement le nez de Sa Majesté, je veux voir briller les diamants de la couronne impériale… Mais si Votre Majesté a daigné venir sous mon toit misérable, c'est bien parce qu'elle condescend à prendre en considération ma pauvre personne. Quelle extraordinaire compensation, Majesté, si matériellement je me hausse sur la pointe des pieds, ce n'est pas par orgueil, ce n'est que pour vous contempler !… moralement je me jette à vos genoux…

la vieille, *sanglotant* : À vos genoux, Sire, nous nous jetons à vos genoux, à vos pieds, à vos orteils…

le vieux : J'ai eu la gale. Mon patron m'a mis à la porte parce que je ne faisais pas la révérence à son bébé, à son cheval. J'ai reçu des coups de pied au cul, mais tout cela, Sire, n'a plus aucune importance… puisque… Sire… Majesté… regardez… je suis là… là…

LA VIEILLE, *écho* : Là… là… là… là… là… là…

LE VIEUX : Puisque Votre Majesté est là… puisque Votre Majesté prendra en considération mon message… Mais l'Orateur devrait être là… Il fait attendre Sa Majesté…

LA VIEILLE : Que Sa Majesté l'excuse. Il doit venir. Il sera là dans un instant. On nous a téléphoné.

LE VIEUX : Sa Majesté est bien bonne. Sa Majesté ne partira pas comme ça sans avoir tout écouté, tout entendu.

LA VIEILLE, *écho* : Tout entendu… entendu… tout écouté…

LE VIEUX : C'est lui qui va parler en mon nom… Moi, je ne peux pas… je n'ai pas de talent… lui il a tous les papiers, tous les documents…

LA VIEILLE : Un peu de patience, Sire, je vous en supplie… il doit venir… Il doit venir à l'instant.

LE VIEUX, *pour que l'Empereur ne s'impatiente pas* : Majesté, écoutez, j'ai eu la révélation, il y a longtemps… j'avais quarante ans… je dis ça aussi pour vous, messieurs-dames… un soir, après le repas, comme de coutume, avant d'aller au lit, je m'assis sur les genoux de mon père[1]… mes moustaches étaient plus grosses que les siennes et plus pointues… ma poitrine plus velue… mes cheveux grisonnants déjà, les siens étaient encore bruns… Il y avait des invités, des grandes personnes, à table, qui se mirent à rire, rire.

LA VIEILLE, *écho* : Rire… rire…

LE VIEUX : «Je ne plaisante pas, leur dis-je. J'aime bien mon papa.» On me répondit : «Il est minuit, un gosse ne se couche pas si tard. Si vous ne faites pas encore dodo c'est que vous n'êtes plus un marmot.»

Je ne les aurais quand même pas crus s'ils ne m'avaient pas dit vous…

LA VIEILLE, *écho* : Vous.

LE VIEUX : Au lieu de tu…

LA VIEILLE, *écho* : Tu…

LE VIEUX : «Pourtant, pensais-je, je ne suis pas marié. Je suis donc encore enfant.» On me maria à l'instant même, rien que pour me prouver le contraire… Heureusement, ma femme m'a tenu lieu de père et de mère*…

LA VIEILLE : L'Orateur doit venir, Majesté…

LE VIEUX : Il viendra, l'Orateur.

LA VIEILLE : Il viendra.

LE VIEUX : Il viendra.

LA VIEILLE : Il viendra.

LE VIEUX : Il viendra.

LA VIEILLE : Il viendra.

LE VIEUX : Il viendra, il viendra.

LA VIEILLE : Il viendra, il viendra.

LE VIEUX : Viendra.

LA VIEILLE : Il vient.

LE VIEUX : Il vient.

LA VIEILLE : Il vient, il est là.

LE VIEUX : Il vient, il est là.

LA VIEILLE : Il vient, il est là.

LE VIEUX *et* LA VIEILLE : Il est là…

LA VIEILLE : Le voilà !… (*Silence ; interruption de tout mouvement. Pétrifiés, les deux Vieux fixent du regard la porte nº 5 ; la scène immobile dure assez longtemps, une*

---

* La tirade du Vieux sur le père (à partir de «Majesté, écoutez, j'ai eu la révélation…» jusqu'à «ma femme m'a tenu lieu de père et de mère») a été supprimée à la représentation. Je conseille que l'on continue de la supprimer.

demi-minute environ ; très lentement, très lentement, la porte
s'ouvre toute grande, silencieusement ; puis l'Orateur apparaît ; c'est un personnage réel. C'est le type du peintre ou du
poète du siècle dernier : feutre noir à larges bords, lavallière,
vareuse, moustache et barbiche, l'air assez cabotin, suffi-
sant ; si les personnages invisibles doivent avoir le plus de
réalité possible, l'Orateur, lui, devra paraître irréel ; en lon-
geant le mur de droite, il ira, comme glissant, doucement,
jusqu'au fond, en face de la grande porte, sans tourner la
tête à droite ou à gauche ; il passera près de la Vieille sans
sembler la remarquer, même lorsque la Vieille touchera son
bras pour s'assurer qu'il existe ; à ce moment, la Vieille
dira :) Le voilà !

LE VIEUX : Le voilà !

LA VIEILLE, *qui l'a suivi du regard et continuera de le
suivre* : C'est bien lui, il existe. En chair et en os[1].

LE VIEUX, *le suivant du regard* : Il existe. Et c'est bien
lui. Ce n'est pas un rêve !

LA VIEILLE : Ce n'est pas un rêve, je te l'avais bien dit.

> *Le Vieux croise les mains, lève les yeux au
> ciel ; il exulte silencieusement. L'Orateur,
> arrivé au fond, enlève son chapeau, s'incline
> en silence, salue avec son chapeau comme un
> mousquetaire et un peu comme un automate,
> devant l'Empereur invisible. À ce moment :*

LE VIEUX : Majesté... je vous présente l'Orateur...
LA VIEILLE : C'est lui !

> *Puis l'Orateur remet son chapeau sur la tête
> et monte sur l'estrade où il regarde, de haut, le
> public invisible du plateau, les chaises ; il se
> fige dans une pose solennelle.*

LE VIEUX, *au public invisible* : Vous pouvez lui demander des autographes. (*Automatiquement, silencieusement, l'Orateur signe et distribue d'innombrables autographes. Le Vieux pendant ce temps lève encore les yeux au ciel en joignant les mains et dit, exultant :*) Aucun homme, de son vivant, ne peut espérer plus…

LA VIEILLE, *écho* : Aucun homme ne peut espérer plus.

LE VIEUX, *à la foule invisible* : Et maintenant avec l'autorisation de Votre Majesté, je m'adresse à vous tous, mesdames, mesdemoiselles, messieurs, mes petits enfants, chers confrères, chers compatriotes, monsieur le président, mes chers compagnons d'armes…

LA VIEILLE, *écho* : Et mes petits enfants… ants… ants…

LE VIEUX : Je m'adresse à vous tous, sans distinction d'âge, de sexe, d'état civil, de rang social, de commerce, pour vous remercier, de tout mon cœur.

LA VIEILLE, *écho* : Vous remercier…

LE VIEUX : Ainsi que l'Orateur… chaleureusement, d'être venus en si grand nombre… du silence, messieurs !…

LA VIEILLE, *écho* : … Silence, messieurs…

LE VIEUX : J'adresse aussi mes remerciements à tous ceux qui ont rendu possible la réunion de ce soir, aux organisateurs…

LA VIEILLE : Bravo !

> *Pendant ce temps, sur l'estrade, l'Orateur est solennel, immobile, sauf la main qui, automatiquement, signe des autographes.*

LE VIEUX : Aux propriétaires de cet immeuble, à l'architecte, aux maçons qui ont bien voulu élever ces murs !…

LA VIEILLE, *écho* : … murs…

LE VIEUX : À tous ceux qui ont creusé les fonda-
tions… Silence, messieurs-dames…

LA VIEILLE, *écho* : … ssieurs-dames…

LE VIEUX : Je n'oublie pas et j'adresse mes plus vifs
remerciements aux ébénistes qui fabriquèrent les
chaises sur lesquelles vous pouvez vous asseoir, à l'artisan adroit…

LA VIEILLE, *écho* : … droit…

LE VIEUX : … qui fit le fauteuil dans lequel s'enfonce
mollement Votre Majesté, ce qui ne l'empêche pas
cependant de conserver un esprit dur et ferme…
Merci encore à tous les techniciens, machinistes, élec-
trocutiens…

LA VIEILLE, *écho* : … cutiens, cutiens…

LE VIEUX : … aux fabricants de papier et aux impri-
meurs, correcteurs, rédacteurs à qui nous devons les
programmes, si joliment ornés, à la solidarité universelle de tous les hommes, merci, merci, à notre
patrie, à l'État *(il se tourne du côté où doit se trouver l'Empereur)* dont Votre Majesté dirige l'embarcation avec
la science d'un vrai pilote… merci à l'ouvreuse…

LA VIEILLE, *écho* : … ouvreuse… heureuse…

LE VIEUX, *il montre du doigt la Vieille* : Vendeuse de
chocolats glacés et de programmes…

LA VIEILLE, *écho* : grammes…

LE VIEUX : … mon épouse, ma compagne… Sémiramis !…

LA VIEILLE, *écho* : … pouse… pagne… miss… *(À
part :)* Mon chou, il n'oublie jamais de me citer.

LE VIEUX : Merci à tous ceux qui m'ont apporté leur
aide financière ou morale, précieuse et compétente,
contribuant ainsi à la réussite totale de la fête de ce

soir… merci encore, merci surtout à notre souverain bien-aimé, Sa Majesté l'Empereur…

LA VIEILLE, *écho*: … jesté l'Empereur…

LE VIEUX, *dans un silence total*: … Un peu de silence… Majesté…

LA VIEILLE, *écho*: … ajesté… jesté…

LE VIEUX : Majesté, ma femme et moi-même n'avons plus rien à demander à la vie. Notre existence peut s'achever dans cette apothéose… Merci au ciel qui nous a accordé de si longues et si paisibles années… Ma vie a été bien remplie. Ma mission est accomplie[1]. Je n'aurai pas vécu en vain, puisque mon message sera révélé au monde… *(Geste vers l'Orateur qui ne s'en aperçoit pas : ce dernier repousse du bras les demandes d'autographes, très digne et ferme.)* Au monde, ou plutôt à ce qu'il en reste ! *(Geste large vers la foule invisible.)* À vous, messieurs-dames et chers camarades, qui êtes les restes de l'humanité, mais avec de tels restes on peut encore faire de la bonne soupe… Orateur ami… *(L'Orateur regarde autre part.)* Si j'ai été longtemps méconnu, mésestimé par mes contemporains, c'est qu'il en devait être ainsi. *(La Vieille sanglote.)* Qu'importe à présent tout cela, puisque je te laisse, à toi, mon cher Orateur et ami *(L'Orateur rejette une nouvelle demande d'autographe; puis prend une pose indifférente, regarde de tous les côtés.)* … le soin de faire rayonner sur la postérité la lumière de mon esprit… Fais donc connaître à l'univers ma philosophie. Ne néglige pas non plus les détails, tantôt cocasses, tantôt douloureux ou attendrissants de ma vie privée, mes goûts, mon amusante gourmandise… raconte tout… parle de ma compagne… *(La Vieille redouble de sanglots.)* … de la façon dont elle préparait ses merveilleux petits

pâtés turcs, de ses rillettes de lapin à la norman-
dillette... parle du Berry, mon pays natal... Je compte
sur toi, grand maître et Orateur... quant à moi et ma
fidèle compagne, après de longues années de labeur
pour le progrès de l'humanité pendant lesquelles
nous fûmes les soldats de la juste cause, il ne nous
reste plus qu'à nous retirer à l'instant, afin de faire le
sacrifice suprême que personne ne nous demande
mais que nous accomplirons quand même[1]...

LA VIEILLE, *sanglotant* : Oui, oui, mourons en pleine
gloire... mourons pour entrer dans la légende... Au
moins, nous aurons notre rue...

LE VIEUX, *à la Vieille* : Ô, toi, fidèle compagne !... toi
qui as cru en moi, sans défaillance, pendant un siècle,
qui ne m'as jamais quitté, jamais..., hélas, aujour-
d'hui, à ce moment suprême, la foule nous sépare
sans pitié...

> J'aurais pourtant
> voulu tellement
> finir nos os
> sous une même peau
> dans un même tombeau
> de nos vieilles chairs
> nourrir les mêmes vers
> ensemble pourrir...

LA VIEILLE : ... ensemble pourrir...

LE VIEUX : Hélas !... hélas !...

LA VIEILLE : Hélas !... hélas !...

LE VIEUX : ... Nos cadavres tomberont loin de l'autre,
nous pourrirons dans la solitude aquatique[2]... Ne
nous plaignons pas trop.

LA VIEILLE : Il faut faire ce qui doit être fait !...

LE VIEUX : Nous ne serons pas oubliés. L'Empereur éternel se souviendra de nous, toujours.

LA VIEILLE, *écho* : Toujours.

LE VIEUX : Nous laisserons des traces[1], car nous sommes des personnes et non pas des villes.

LE VIEUX *et* LA VIEILLE, *ensemble* : Nous aurons notre rue !

LE VIEUX : Soyons unis dans le temps et dans l'éternité si nous ne pouvons l'être dans l'espace, comme nous le fûmes dans l'adversité : mourons au même instant… (*À l'Orateur impassible, immobile :*) Une dernière fois… je te fais confiance… je compte sur toi… Tu diras tout… Lègue le message…(*À l'Empereur :*) Que Votre Majesté m'excuse… Adieu, vous tous. Adieu, Sémiramis.

LA VIEILLE : Adieu, vous tous !… Adieu, mon chou !

LE VIEUX : Vive l'Empereur !

> *Il jette sur l'Empereur invisible des confetti et des serpentins ; on entend des fanfares ; lumière vive, comme le feu d'artifice.*

LA VIEILLE : Vive l'Empereur !

> *Confetti et serpentins en direction de l'Empereur, puis sur l'Orateur immobile et impassible, sur les chaises vides.*

LE VIEUX, *même jeu* : Vive l'Empereur !

LA VIEILLE, *même jeu* : Vive l'Empereur !

> *La Vieille et le Vieux, en même temps, se jettent chacun par sa fenêtre, en criant « Vive l'Empereur ». Brusquement le silence ; plus de feu d'artifice, on entend un « Ah » des deux*

côtés du plateau, le bruit glauque des corps
tombant à l'eau. La lumière venant des fenêtres
et de la grande porte a disparu : il ne reste que
la faible lumière du début ; les fenêtres, noires,
restent grandes ouvertes ; leurs rideaux flottent
au vent.

L'ORATEUR, *qui est resté immobile, impassible pendant la*
scène du double suicide, se décide au bout de plusieurs ins-
tants à parler ; face aux rangées de chaises vides, il fait com-
prendre à la foule invisible qu'il est sourd et muet ; il fait des
signes de sourd-muet : efforts désespérés pour se faire com-
prendre ; puis il fait entendre des râles, des gémissements, des
sons gutturaux de muet : Hé, Mme, mm, mm[1].

Ju, gou, hou, hou.

Heu, heu, gu, gou, gueue.

Impuissant, il laisse tomber ses bras le long
du corps ; soudain, sa figure s'éclaire, il a
une idée, il se tourne vers le tableau noir, il sort
une craie de sa poche et écrit en grosses majus-
cules :

ANGEPAIN[2]

puis :

NNAA NNM NWNWNWV

Il se tourne, de nouveau, vers le public invi-
sible, le public du plateau, montre du doigt ce
qu'il a tracé au tableau noir.

L'ORATEUR : Mmm, Mmm, Gueue, Gou, Gu, Mmm, Mmm, Mmm, Mmmm.

Puis, mécontent, il efface, avec des gestes brusques, les signes à la craie, les remplace par d'autres, parmi lesquels on distingue, toujours en grosses majuscules :

ΛΛDIEU ΛDIEU ΛPΛ[1]

De nouveau, l'Orateur se tourne vers la salle ; il sourit, interrogateur, ayant l'air d'espérer avoir été compris, avoir dit quelque chose ; il montre, du doigt, aux chaises vides ce qu'il vient d'écrire ; immobile quelques instants il attend, assez satisfait, un peu solennel, puis, devant l'absence d'une réaction espérée, petit à petit son sourire disparaît, sa figure s'assombrit ; il attend encore un peu ; tout d'un coup, il salue avec humeur, brusquerie, descend de l'estrade, s'en va vers la grande porte du fond, de sa démarche fantomatique ; avant de sortir par cette porte, il salue cérémonieusement, encore, les rangées de chaises vides, l'invisible Empereur. La scène reste vide avec ses chaises, l'estrade, le parquet couverts de serpentins et de confetti. La porte du fond est grande ouverte sur le noir.

On entend pour la première fois les bruits humains de la foule invisible : ce sont des éclats de rire, des murmures, des « chut », des toussotements ironiques ; faibles au début, ces bruits vont grandissant ; puis, de nouveau, progressivement, s'affaiblissent. Tout cela doit durer assez longtemps pour que le public — le vrai et visible — s'en aille avec cette fin bien gravée dans l'esprit. *Le rideau tombe très lente-ment*[1].

RIDEAU

Avril-juin 1951.

* À la représentation, le rideau tombait sur les mugissements de l'Orateur muet. Le tableau noir était supprimé.

Il n'y a pas eu de musique de scène à la première création de cette pièce, en 1952. À la seconde création, celle de Mauclair, en 1956, puis à la reprise en 1961, Pierre Barbaud a composé des fragments musicaux pour nous : on les entendait notamment à l'arrivée de l'Empereur (fanfares), à l'arrivée accélérée des chaises et surtout à la fin, au moment des remerciements du Vieux : musique dérisoirement triomphale, de fête foraine, soulignant le jeu ironique, à la fois grotesque et dramatique, des deux acteurs.

DOSSIER

CHRONOLOGIE
(1909-1994)

Pour plus de détails, on se reportera aux chronologies établies par Giovanni Lista (*Ionesco*, p. 163-175), Paul Vernois (*La Dynamique théâtrale d'Eugène Ionesco*, p. 337-365) et Emmanuel Jacquart (édition du *Théâtre complet* d'Eugène Ionesco, Gallimard, Pléiade, p. LXVII-CVI), ainsi qu'à la biographie publiée par Gilles Plazy (*Eugène Ionesco*, Julliard, 1994).

1909. Naissance d'Eugen Ionescu, le 26 novembre, à Slatina, Roumanie. La date de 1912, souvent avancée, est erronée. Son père, Eugen Ionescu, est roumain, juriste, et sa mère, Thérèse Ipcar, française.

1911. Installation de la famille Ionescu à Paris, où le père prépare un doctorat en droit.
Naissance d'une sœur, Marilina.

1913. Naissance d'un troisième enfant, Mircea, qui mourra à l'âge de dix-huit mois.
Déménagements successifs de la famille Ionescu à Paris. Scènes orageuses entre les parents.

1916. La Roumanie entre en guerre avec l'Allemagne. Retour d'Eugen Ionescu, seul, à Bucarest, où il obtient le divorce. Thérèse Ipcar demeure à Paris, sans ressources.

1917. Eugen Ionescu se remarie et collabore avec les occupants allemands.

1918. Séjour d'Eugène et Marilina à La Chapelle-Anthenaise. Époque heureuse, évoquée dans «Printemps 1939» (*La Photo du colonel*) et le début du *Journal en miettes*.

1922. Eugène et Marilina sont contraints de rejoindre leur père à Bucarest. Mésentente avec le père et sa seconde épouse, qui ne peut souffrir ni son mari ni les enfants de celui-ci.

1926. Par suite de violents conflits avec son père, Eugène Ionesco quitte le domicile paternel et rejoint sa mère, installée en Roumanie.

Au lycée, découverte de la poésie dadaïste et surréaliste.

1929. Après l'obtention du baccalauréat en 1928, Eugène entre à la faculté des lettres de Bucarest, où il prépare une licence de français. Lectures de Flaubert, Valery Larbaud, Alain-Fournier, Francis Jammes, Maeterlinck.

1930. Premiers articles dans des revues.

1930-1935. Publication de poèmes et contributions fréquentes à de nombreuses revues littéraires, culturelles et politiques, de tendance progressiste et antifasciste : *Azi (Aujourd'hui)*, *Critica (La Critique)*, *Floraea de foc (La Fleur de feu)*, *Romania literara (La Roumanie littéraire)*, *Vremea (Le Temps)*, *Facla (Le Flambeau)*.

1934. Obtention de la *Capacitate* (diplôme d'aptitude à l'enseignement) en français. Publication de *Nu (Non)*, recueil d'articles critiques et polémiques, où se manifestent « la virtuosité dans l'art de la contradiction », le goût du paradoxe et de « l'extraordinaire », un « esprit toujours enclin à la négation et à l'anarchie ».

1936. Enseignement du français dans divers établissements de Roumanie.

Mariage avec Rodica Burileanu, fille d'un directeur de journal.

Mort de sa mère, Thérèse Ipcar.

1938. Retour en France avec une bourse de l'Institut français de Bucarest, pour préparer une thèse de doctorat (qui ne sera jamais achevée) sur « le péché et la mort dans la poésie française depuis Baudelaire ».

1940. Mobilisation et retour en Roumanie.

Enseignement au lycée Saint-Sava de Bucarest.

1942. Retour en France et installation à Marseille.

Préfaces et traductions.

1944. Naissance de Marie-France Ionesco.

1945. Retour à Paris, rue Claude-Terrasse (XVIe).

Difficultés financières.

1948. Emploi de manutentionnaire aux Établissements Ripolin, puis de correcteur d'imprimerie dans une maison d'éditions juridiques et médicales.

Ébauche de *La Cantatrice chauve*.

Mort, à Bucarest, d'Eugen Ionescu, qui, après avoir collaboré, depuis 1929, avec des gouvernements fascistes, avait réussi, après l'invasion de la Roumanie par l'Armée Rouge en 1944, à se concilier la faveur du régime communiste.

1950. Le 11 mai, création de *La Cantatrice chauve* au théâtre des Noctambules (mise en scène de Nicolas Bataille). Vingt-cinq représentations : « Ce fut un petit insuccès, un médiocre scandale » (*Notes et contre-notes*, p. 301).

Ionesco obtient la nationalité française.

1951. Création de *La Leçon* au théâtre de Poche (mise en scène de Marcel Cuvelier).

Rédaction des *Chaises*.

1952. Reprise de *La Cantatrice chauve* et de *La Leçon* au théâtre de la Huchette.

Le 22 avril, création des *Chaises* au théâtre du Nouveau Lancry (mise en scène de Sylvain Dhomme).

1953. Création de *Victimes du devoir* au théâtre du Quartier latin (mise en scène de Jacques Mauclair), et de *Sept Petits Sketches* (mise en scène de Jacques Poliéri) au théâtre de la Huchette.

1954. Publication du tome I du *Théâtre*, comportant notamment *Les Chaises*, aux Éditions Gallimard.

Création d'*Amédée ou Comment s'en débarrasser* au théâtre de Babylone (mise en scène de Jean-Marie Serreau).

1955. Création de *Jacques ou la Soumission* et du *Tableau* au théâtre de la Huchette (mise en scène de Robert Postec).

1956. Création de *L'Impromptu de l'Alma* (mise en scène de Maurice Jacquemont) et reprise des *Chaises* au Studio des Champs-Élysées (mise en scène de Jacques Mauclair). Le 23 avril, dans *Le Figaro*, paraît un important article de Jean Anouilh en faveur des *Chaises* et du nouveau théâtre. *Les Chaises* obtiennent le prix Jean Vigo.

1957. Reprise de *La Cantatrice chauve* et de *La Leçon*, jouées sans interruption depuis cette date au théâtre de la Huchette.

Création de *L'avenir est dans les œufs* au théâtre de la Cité universitaire (mise en scène de Jean-Luc Magneron) et du *Nouveau Locataire* au théâtre de l'Alliance française (mise en scène de Robert Postec).

1958. Publication du tome II du *Théâtre* aux Éditions Gallimard.

« Controverse londonienne » entre Eugène Ionesco et le critique dramatique anglais Kenneth Tynan sur « le rôle du dramaturge », à la suite d'une reprise des *Chaises* au Royal Court Theatre de Londres. Les éléments de la controverse ont été publiés dans *Notes et contre-notes*.

1959. Création de *Tueur sans gages* au théâtre Récamier (mise en scène de José Quaglio).
Création de *Rhinocéros* en langue allemande au Schauspielhaus de Düsseldorf (mise en scène de Karl-Heinz Stroux).
Discours d'inauguration des *Entretiens d'Helsinki sur le théâtre d'avant-garde* (repris dans *Notes et contre-notes*).

1960. Création de *Rhinocéros* à l'Odéon-Théâtre de France (mise en scène de Jean-Louis Barrault), le 22 janvier, et au Royal Court de Londres, le 28 avril (mise en scène d'Orson Welles).

1961. Reprise des *Chaises*, en mars, au Studio des Champs-Élysées, avec *Jacques ou la Soumission*.

1962. Création, en avril, de *Délire à deux* au Studio des Champs-Élysées (Antoine Bourseiller) et, le 15 décembre, du *Roi se meurt* au théâtre de l'Alliance française (Jacques Mauclair).
Publication de *La Photo du colonel*, recueil de six récits, dont « Le Piéton de l'air », « Une victime du devoir », « Rhinocéros » et « La Vase », et d'une première édition de *Notes et contre-notes*.

1963. Création du *Piéton de l'air* à l'Odéon-Théâtre de France (Jean-Louis Barrault).

1964. Création de *La Soif et la Faim* à Düsseldorf (K.-H. Stroux). Représentation de *Rhinocéros* à Bucarest.

1965. Reprise des *Chaises* au théâtre Gramont.

1966. *La Soif et la Faim* à la Comédie-Française (Jean-Marie Serreau).
La Lacune et *Délire à deux* à l'Odéon-Théâtre de France (Jean-Louis Barrault).
Leçons de français pour Américains (théâtre de Poche).
Mêlées et démêlés (plusieurs sketches) au théâtre La Bruyère (Georges Vitaly).
Publication des *Entretiens avec Eugène Ionesco* (Claude Bonnefoy).

1967. Publication du *Journal en miettes*.
Dixième anniversaire du *Spectacle Ionesco* (*La Cantatrice chauve, La Leçon*) au théâtre de la Huchette. Reprise des *Chaises* au théâtre Gramont.

1968. Publication de *Présent passé Passé présent*.

1969. Publication de *Découvertes*, illustré par l'auteur.
Représentation des *Chaises* au théâtre des Drapiers à Strasbourg.
En décembre, Grand Prix national du théâtre.

1970. Élection à l'Académie française.
Création de *Jeux de massacre* à Düsseldorf (K.-H. Stroux) et au théâtre Montparnasse (Jorge Lavelli).

1971. Exposition de peintures à la Galerie Mouffetard.
Prix de la Littérature européenne à Vienne.
Doctorat *Honoris causa* de l'Université de New York.
Sortie du film *La Vase* à New York.
Reprise des *Chaises* au théâtre de l'Alliance française (Jacques Mauclair).

1972. Création de *Macbett* au théâtre de la Rive Gauche (Jacques Mauclair).

1973. Création de *Ce formidable bordel!* au théâtre Moderne (Jacques Mauclair).
Publication du roman *Le Solitaire.*

1974. 6 000ᵉ représentation consécutive du *Spectacle Ionesco* au théâtre de la Huchette (27 février).

1975. Création de *L'Homme aux valises* au théâtre de l'Atelier (Jacques Mauclair).
Représentations des *Chaises* au théâtre du Lucernaire, et, pour marionnettes, au Biothéâtre (Hubert Jappelle).
Doctorat *Honoris causa* de l'Université de Tel-Aviv.

1977. Publication d'*Antidotes*, recueil d'articles politiques et culturels parus dans *Le Figaro, Le Monde, L'Express* et d'autres périodiques.

1978. Reprise des *Chaises* au théâtre du Marais (Jacques Mauclair).
Décade « Ionesco » à Cerisy-la-Salle, avec la participation de l'auteur. Actes publiés sous le titre : *Ionesco. Situation et perspectives* (Belfond, 1980).

1979. Publication d'*Un homme en question*, recueil d'articles, entretiens et textes inédits.
Le roi se meurt à l'Odéon-Théâtre de France (Jorge Lavelli).

1980. Publication et création à New York de *Voyage chez les morts* (mise en scène de P. Berman).

1981. Publication du *Blanc et le Noir*, illustré de quinze lithographies de Ionesco. Expositions de peintures à Saint-Gall et à Cologne.

1982. Publication en français de *Hugoliade*, essai sur Victor Hugo écrit en roumain en 1935-1936 et intitulé *La Vie grotesque et tragique de Victor Hugo*.
Expositions de peintures à Lugano, Saint-Gall, Athènes.
Représentations des *Chaises* au théâtre Montparnasse, au théâtre Tristan Bernard, et à Taïwan, en opéra.

1983. Tournée en France d'un «Spectacle Ionesco» conçu et mis en scène par Roger Planchon comme une «autobiographie théâtrale en deux parties».
Expositions de peintures à Locarno, Munich, Mannheim.
Participation aux représentations de *Freshwater* de Virginia Woolf, à New York, à Londres, puis au théâtre du Rond-Point à Paris.

1984. Expositions de peintures à Berlin, Bologne, Saint-Gall, Fribourg, Zurich, Paris.

1985. Expositions de peintures en Allemagne.
Prix Eliot à Chicago.

1986. Publication de *Non*, recueil d'articles critiques traduits du roumain *(Nu)* par Marie-France Ionesco.

1987. 30ᵉ anniversaire et 10 000ᵉ représentation consécutive du *Spectacle Ionesco* au théâtre de la Huchette.

1988. Publication de *La Quête intermittente*, journal du séjour dans une maison de repos pour écrivains, à Rondom, en 1986.
Reprise des *Chaises* au théâtre national de la Colline (mise en scène de Jean-Luc Boutté, avec Pierre Dux et Denise Gence).

1989. Le 7 mai, au cours de la Troisième Nuit des Molières, au Châtelet, Ionesco, ovationné par le public, debout, reçoit un Molière des mains de Denise Gence, interprète des *Chaises*.

1991. Publication du *Théâtre complet* d'Eugène Ionesco dans la collection de la Pléiade (éd. Emmanuel Jacquart).

1993. Publication dans *Le Figaro* du 1ᵉʳ octobre d'un article d'Eugène Ionesco sur «la cruelle vérité de la vieillesse».
Reprise des *Chaises* au théâtre du Marais, avec Jacques Mauclair et Tsilla Chelton. Ce fut, au témoignage de cette dernière, une des dernières sorties et des dernières joies d'Eugène Ionesco.

1994. Le 18 février, dernier article dans *Le Figaro* sur la vieillesse et la mort.

Le 28 mars, décès d'Eugène Ionesco à Paris.

Le 18 avril, remise du Molière de la meilleure actrice à Tsilla Chelton pour son interprétation du rôle de la Vieille dans *Les Chaises*, qu'elle joue depuis la création de la pièce en 1952.

NOTICE

Les Chaises ont été la troisième pièce d'Eugène Ionesco jouée en France, en 1952, après *La Cantatrice chauve* en 1950 et *La Leçon* en 1951. Entre-temps, Ionesco avait ébauché ou composé plusieurs sketches ou petites pièces, inédites ou jouées et publiées ultérieurement, comme *Les Salutations*, *La Nièce-Épouse* et *Jacques ou la Soumission*.

L'œuvre, initialement intitulée *L'Orateur*, a été composée au printemps de l'année 1951, comme en témoignent une note datée du 23 juin 1951 (ci-dessous p. 107) et la date inscrite à la fin du texte imprimé : avril-juin 1951.

Il ne subsiste apparemment pas de manuscrits. Une copie de fragments manuscrits consultés par Emmanuel Jacquart prouve qu'il a existé deux versions, dont la seconde offre quelques variantes par rapport au texte imprimé, notamment dans l'emplacement relatif de certaines répliques ou suites de répliques (voir l'édition du *Théâtre complet* d'Eugène Ionesco, procurée par E. Jacquart dans la Pléiade, p. 1533, note 3).

La conception de la pièce, au témoignage de l'auteur, aurait eu pour origine une « image initiale » : « l'image de chaises, puis d'une personne apportant à toute vitesse des chaises sur le plateau vide » (Claude Bonnefoy, *Entretiens avec Eugène Ionesco*, p. 83), et c'est sur cette « première obsession » que se serait « greffée une histoire », afin de « soutenir l'image initiale » (*ibid.*, p. 96). Ailleurs, Ionesco déclarera qu'il avait « vu » la fin de la pièce avant le commencement, et que c'est « pour cette fin qu'elle fut écrite » (ci-dessous p. 109). Plus tard encore, en 1987, il prétendra que le dénouement demeurait incertain dans son esprit et que, ne sachant « comment achever sa pièce », il aurait imaginé de « se débarrasser de ses per-

sonnages par un suicide qui confirmerait le vide de l'existence »
(*Théâtre complet*, p. 1534, note 3) : « Le suicide des Vieux s'explique
par des raisons techniques et théâtrales, non par des raisons psychologiques » (*ibid.*, p. 1532). Ces déclarations, fort distantes et
parfois peu cohérentes, ont du moins l'effet de confirmer la primauté, dans la genèse et la conception de l'œuvre, de l'imagination scénique et symbolique sur l'intrigue et la psychologie.

Ce processus de création rend quelque peu superflue la quête
des influences et des affinités littéraires et dramatiques. Les critiques ont été néanmoins frappés par les similitudes existant entre
Les Chaises et *La Danse de mort* de Strindberg, où un vieux couple,
enfermé dans une tour au bord de la mer, achève une vie de
déchéance et d'échec — mais aussi, contrairement aux héros de
Ionesco, de mésentente et de haine réciproque. L'auteur, interrogé sur ce point, minimisait, non sans ironie, la portée de ces
rapprochements : « On m'avait dit que j'étais influencé par
Strindberg. Alors j'ai lu le théâtre de Strindberg et j'ai dit : "en
effet je suis influencé par Strindberg"... » (Claude Bonnefoy, *Entretiens*, p. 57). Le décor sinistre et clos des *Chaises* évoquerait aussi
bien, comme le notait Hervé Donnard (*Ionesco dramaturge*, p. 55),
celui de *Huis clos* de Sartre ou, comme l'avait déjà signalé Martin
Esslin (*Théâtre de l'absurde*, p. 145), celui de *Fin de partie* de Beckett,
représenté et publié seulement cinq ans après *Les Chaises*. Plutôt
que d'influence il s'agit donc de « convergence de thèmes » (Hervé
Donnard, *op. cit.*, p. 56) entre écrivains modernes également hantés par l'absurde.

Ionesco lui-même a clairement explicité la signification de
l'œuvre, à l'intention du public et de son premier metteur en scène,
Sylvain Dhomme : « Le thème de la pièce n'est pas le message, ni les
échecs dans la vie, ni le désastre moral des vieux, mais bien *les
chaises*, c'est-à-dire l'absence de personnes, l'absence de l'Empereur,
l'absence de Dieu, l'absence de matière, l'irréalité du monde, le
vide métaphysique ; le thème de la pièce, c'est le *rien*... » (cité par
Frédéric Towarnicki, « Des *Chaises* vides... à Broadway », *Spectacles*,
n° 2, juillet 1958, et Martin Esslin, *Théâtre de l'absurde*, p. 145).

Dans un long message[1] invitant le metteur en scène à abdiquer
tout « orgueil » pour se soumettre aux intentions de l'auteur, à se
« laisser modeler » par la pièce au lieu de vouloir la « modeler » lui-

1. Voir *Notes et contre-notes*, « Folio Essais », p. 260-261.

même, à renoncer à des suppressions scéniques ou textuelles inopportunes et infidèles à l'esprit de l'œuvre, Ionesco justifiait la nécessité de la prolifération mouvementée des objets sur la scène et s'expliquait sur le paradoxe et la convention des personnages invisibles :

Les coupures que vous vouliez me faire faire concernent les passages qui justement servent, d'une part, à exprimer le non-sens, l'arbitraire, une vacuité de la réalité, du langage, de la pensée humaine, et d'autre part (surtout), à encombrer le plateau de plus en plus avec ce vide, à envelopper sans cesse, comme de vêtements de paroles, les absences de personnes, les trous de la réalité, car il ne faut jamais laisser parler les vieux en dehors de « la présence de cette absence », à laquelle ils doivent se référer constamment, qu'ils doivent constamment entretenir, embrasser, faute de quoi l'irréalisme ne pourrait être suggéré (car il ne peut être créé que par opposition permanente de ce qui est visible) et votre mise en scène serait un échec, Les Chaises *ne seraient pas* Les Chaises. *Il faut beaucoup de gestes, de la presque-pantomime, de lumières, de sons, d'objets qui bougent, de portes qui s'ouvrent et qui se ferment et s'ouvrent de nouveau, pour créer ce vide, pour qu'il grandisse et ronge tout : on ne peut créer l'absence que par opposition à des présences. Et tout ceci ne nuirait pas au mouvement, tous les objets dynamiques c'est le mouvement même de la pièce, un mouvement qui n'est peut-être pas encore votre mouvement.*

Pourquoi voit-on l'orateur et ne voit-on pas les autres personnages qui affluent sur le plateau ? L'orateur existe-t-il vraiment, est-il réel ? Réponse : il n'existe ni plus ni moins que les autres personnages. Il est aussi invisible que les autres, il est aussi réel ou aussi irréel ; ni plus ni moins. Seulement, on ne peut se passer de sa présence visible. Il faut qu'on le voie et qu'on l'entende puisqu'il est le dernier à rester sur le plateau. Mais sa visibilité n'est qu'une simple convention arbitraire, née d'une difficulté technique insurmontable autrement.

On peut, d'ailleurs, considérer tout aussi bien que l'invisibilité des personnages est une convention arbitraire. On aurait pu rendre tous les personnages visibles si on avait trouvé le moyen de rendre perceptible au théâtre, de façon saisissante, leur réalité insaisissable.

Il faut qu'à la fin cela devienne parfaitement « choquant ». La toute dernière scène, après la disparition des vieux, après le départ de l'orateur doit être longue, on doit entendre pendant longtemps les murmures, les bruits de l'eau et du vent, comme venant de rien, venant du rien. Cela empêchera les spectateurs d'être tentés de donner de la pièce l'explication la plus facile, la plus fausse. Il ne faut pas qu'ils disent que les vieux, par exemple, sont des fous ou des gâteux ayant des hallucinations ; il ne faut pas non plus qu'ils puissent dire que les personnages invisibles sont, simplement, les remords et les souvenirs des deux vieux. Peut-être cela est-il vrai d'ailleurs, jusqu'à un certain point, mais cela n'a absolument aucune importance, l'intérêt est bien ailleurs. Une chose peut donc les empêcher de donner à la pièce une signification psychologique ou rationnelle, habituelle, médiocre : que les bruits et les présences impalpables soient encore là, pour eux, spectateurs, même après le départ des trois personnages visibles, indépendamment de la « folie » des vieux. La foule compacte des inexistants doit acquérir une existence tout à fait objective.

Le théâtre actuel est presque uniquement psychologique, social, cérébral ou... poétique. Il est amétaphysique. Les Chaises sont un essai de poussée au-delà des limites actuelles du drame...

P.-S. Un moment, les vieux doivent apporter des chaises sans plus parler, ni l'un ni l'autre. Ce moment aussi doit être long. Il faudrait donner à ce moment à leurs mouvements un léger caractère de ballet (avec une très discrète musique de valse ?).

Hiver 1951-52.

Des « Notes sur *Les Chaises*[1] » insistaient sur le sens de la représentation scénique et la fonction des personnages invisibles :

23 juin 1951.
En écrivant l'« Orateur », je « vois » les personnages « invisibles » très nettement. Pour le moment, j'ai du mal à les entendre parler. Sans doute suis-je fatigué.

Par les moyens du langage, des gestes, du jeu, des accessoires, exprimer le vide.

Exprimer l'absence.

Exprimer les regrets, les remords.
Irréalité du réel. Chaos originaire.
Les voix à la fin, bruit du monde, rumeurs, débris de monde, le monde s'en va en fumée, en sons et couleurs qui s'éteignent, les derniers fondements s'écroulent ou plutôt se disloquent. Ou fondent dans une sorte de nuit. Ou dans une éclatante, aveuglante lumière.

1. *Ibid.*, p. 263-265.

Les voix à la fin : bruit du monde, nous, les spectateurs.

On peut dire de cette pièce des choses contradictoires et cependant également vraies.

Sur scène il n'y a rien ; les deux vieux ont des hallucinations, les personnages invisibles n'y sont pas. Ou encore il n'y a vraiment personne, pas plus que les deux vieux ni l'orateur qui sont sur le plateau sans y être : les vieux et l'orateur ne sont pas plus là que les personnages invisibles... Ils n'ont pas plus d'existence que ces derniers et que nos rêves. Pourquoi les voit-on eux, cependant, et pas les autres ? Mais on aurait très bien pu prendre la pièce par un autre bout et faire apparaître quelques-uns des invités seulement, sans l'orateur, sans les hôtes. Mais pourquoi doit-on faire voir quelqu'un ? On est bien obligé, il faut bien faire voir quelque chose sur une scène. Mais les deux ou trois personnages qu'on voit dans Les Chaises ne sont en quelque sorte que les pivots d'une architecture mouvante, en grande partie invisible, évanescente, précaire, destinée à disparaître, comme le monde, les personnages étant eux-mêmes irréels, et cependant les points d'appui indispensables de cette construction. Ou encore tout cela n'est ni réel ni irréel (qu'est-ce que cela voudrait dire ?) mais tout simplement visible ou invisible. Et pourtant ce rien qui est sur scène, c'est la foule. On doit sentir la présence de la foule. On peut donc tout aussi bien dire qu'il n'y a rien ou qu'il y a foule sur le plateau.

Un ami me dit : « C'est bien simple ; vous voulez dire que le monde est la création subjective et arbitraire de notre esprit ? » De notre esprit, oui, non pas de mon esprit. Je crois inventer une langue, je m'aperçois que tout le monde la parle.

Ou encore les personnages invisibles : seraient-ils l'expression d'une réalité insuffisamment imaginée, le produit d'un esprit à bout de forces, ne pouvant plus imaginer, ne pouvant plus inventer et faire le monde, envahi (à cause de son épuisement, de sa faiblesse) par l'absence, la mort ?

Le théâtre peut très bien être le seul lieu où vraiment rien ne se passe. L'endroit privilégié où rien ne se passerait.

Pour expliquer la fin des Chaises «... Le monde est désert. Peuplé de fantômes aux voix plaintives, il murmure des chants d'amour sur les débris de mon néant ! Revenez pourtant, douces images » (Gérard de Nerval, Promenades et Souvenirs). Ce serait ça, peut-être, moins la douceur.

Dans une lettre à un metteur en scène (Sylvain Dhomme), en janvier 1952[1], Ionesco précisait sa vision du dernier tableau de la pièce, où le jeu des lumières et l'accumulation des objets, après la disparition des personnages, auraient le pouvoir de suggérer l'impression de « vide » et d'« absence » :

Étant donné que le thème des Chaises *est « le vide » ontologique, ou l'absence, c'est, je pense, l'expression de cette absence qui devrait constituer le moment dernier, définitif, de la pièce. Donc, le rideau pourrait peut-être tomber bien après que l'orateur incapable (et pour cause) de dire le message serait descendu de son estrade, aurait salué l'Empereur (jeu de scène à exploiter) et serait sorti. À ce moment, les spectateurs auraient sous les yeux, dans une lumière redevenue pauvre, blafarde, comme au début de la pièce (ou équivalente à celle du début de la pièce), les chaises vides dans le vide du décor, ornées de serpentins, pleines de confetti inutiles, ce qui donnerait l'impression de tristesse, de désordre et de vide d'une salle de bal après le bal ; et c'est après cela que les chaises, les décors, le rien, se mettraient à vivre inexplicablement (c'est cela l'effet, au-delà de la raison, vrai dans l'invraisemblable que nous cherchons et que nous devons obtenir) achevant de brouiller complètement les cartes, et la logique. Il faudrait que la lumière redevienne pauvre, jaunâtre puisqu'elle suit l'action et que maintenant la fête est finie. C'est d'ailleurs cette fin que j'ai eue dans l'esprit en écrivant la pièce, c'est pour cette fin qu'elle fu. écrite, une fin que j'ai vue avant le commencement. Je crois qu'il faut aller jusqu'au bout (si vous reprenez, par hasard, le tableau, faites écrire dessus par l'Orateur ceci : AAAAAA, rien que des A).*

Deux présentations de la pièce enfin, rédigées par Ionesco, ont figuré sur le programme des représentations lors de la création de l'œuvre. Un premier texte offrait une interprétation essentiellement psychologique des personnages et des moyens scéniques utilisés pour suggérer leur symbolisme :

Ces invités invisibles sont les angoisses, la vengeance inassouvie, la culpabilité, la lâcheté, la vanité, l'humiliation, la défaite des Vieux. Ils sont vieux, eux-mêmes. C'est donc devant leur propre conscience qu'ils espèrent, follement, se racheter. Mais le remords, implacable, symbolisé par les chaises vides, grandit, s'étend, remplit la scène, colle les Vieux au mur, les tue. C'est

1. *Ibid.*, p. 262.

là, ce que les spectateurs « croiront » voir. Ils comprendront aisément qu'il s'agit là d'un mal spirituel qui croît de l'intérieur et dévore.

La foule invisible sera suggérée, non seulement par les chaises vides, mais encore par des bruits, de la musique, des lumières et principalement par le jeu et la pantomime des comédiens : Tsilla Chelton et Paul Chevalier.

J'ai essayé d'exprimer la décomposition morale de mes personnages, leur incohérence par ce semblant de « langage approprié », par ce parler détérioré qui ne se recompose et ne se retrouve qu'à certains moments (dans les scènes de confession publique, par exemple) de cette farce que j'ai voulue dramatique, mais farce, aussi. Des êtres perdus dans l'incohérence, prisonniers d'un univers sans signification, puisque arraché à toute réalité essentielle, ne peuvent être purement tragiques.

J'ai essayé de rendre sensible mon propre sentiment de l'irréalité du monde[1].

Un second texte[2] insistait sur la vision du monde et la signification (ou l'absence, ou la recherche de signification) métaphysique inhérentes à la pièce :

Le monde m'apparaît à certains moments comme vidé de signification, la réalité : irréelle. C'est ce sentiment d'irréalité, la recherche d'une réalité essentielle, oubliée, innommée — hors de laquelle je ne me sens pas être — que j'ai voulu exprimer à travers mes personnages qui errent dans l'incohérent, n'ayant rien en propre en dehors de leurs angoisses, leurs remords, leurs échecs, la vacuité de leur vie. Des êtres noyés dans l'absence de sens ne peuvent être que grotesques, leur souffrance ne peut être que dérisoirement tragique.

Le monde m'étant incompréhensible, j'attends qu'on me l'explique…

---

1. Cité par Geneviève Latour dans *Petites scènes… Grand théâtre, le théâtre de création de 1944 à 1960*, Délégation à l'Action Artistique de la Ville de Paris, 1986, p. 260.

2 *Notes et contre-notes*, p. 251.

MISES EN SCÈNE ET RÉCEPTION

Les Chaises ont été représentées très fréquemment en France et dans de nombreux pays étrangers (Grande-Bretagne, Allemagne, États-Unis, Pays-Bas, Pologne, Taïwan), depuis leur création à Paris en 1952.

On trouvera ci-dessous tout d'abord un recensement — partiel — des représentations les plus marquantes et des comptes rendus les plus significatifs parus dans la presse, en France, entre la création de 1952 et l'année de la mort d'Eugène Ionesco, en 1994.

1952   (22 avril) : théâtre du Nouveau Lancry (avec *Les Amants du métro* de Gabriel Tardieu). Mise en scène : Sylvain Dhomme. Décors : Jacques Noël. Le Vieux : Paul Chevalier. La Vieille : Tsilla Chelton. L'Orateur : Sylvain Dhomme.
Comptes rendus : *Le Figaro*, 26 avril (Jean-Baptiste Jeener) ; *Combat*, 28 avril (Marcelle Capron) ; *Libération*, 28 avril (G.D.) ; *Le Canard enchaîné*, 30 avril ; *Arts* nº 357, 1er-7 mai (C.B.) ; *Le Figaro littéraire*, 3 mai (Jacques Lemarchand) ; *Les Lettres françaises*, 2 mai (Renée Saurel) ; *Le Figaro littéraire*, 17 mai (Sylvain Dhomme) ; *Arts* nº 359, 22-29 mai (Jules Supervielle, André Alter, Jean Duvignaud, Jean Pouillon, Clara Malraux, Raymond Queneau, Samuel Beckett, Arthur Adamov).

1956   (10 février) : Studio des Champs-Élysées (avec *L'Impromptu de l'Alma*). Mise en scène : Jacques Mauclair. Décors : Jacques Noël. Le Vieux : Jacques Mauclair. La Vieille : Tsilla Chelton. L'Orateur : Alain Mottet.
Comptes rendus : *Le Figaro*, 18 février (Maurice Guillon),

Arts, 21 février (Pierre Marcabru) ; *Le Figaro littéraire*, 25 février (Jacques Lemarchand) ; *Théâtre populaire*, 1ᵉʳ mars (Maurice Regnault) ; *Le Figaro*, 23 avril (Jean Anouilh) ; *Études* nᵒ 7, juillet-septembre 1956 (Robert Abirached).

1961 : Studio des Champs-Élysées (avec *Jacques ou la Soumission*). Mêmes mise en scène et distribution qu'en 1956.
Comptes rendus : *France Observateur*, 2 mars (anonyme) ; *Le Monde*, 8 mars (Bertrand Poirot-Delpech) ; *Combat*, 8 mars (Marcelle Capron) ; *Arts*, 15 mars (Pierre Marcabru) ; *Les Lettres françaises*, 16 mars (Claude Olivier) ; *Le Figaro littéraire*, 18 mars (Jacques Lemarchand).

1962 : télévision. Mêmes mise en scène et distribution.
Comptes rendus : *Le Figaro*, 23 novembre (André Brincourt) ; *Le Figaro littéraire*, 1ᵉʳ décembre (François Mauriac).

1965 (juillet) : théâtre Gramont (avec *Huis clos* de Jean-Paul Sartre). Mise en scène : Jacques Mauclair. Le Vieux : Michel Vitold. La Vieille : Tsilla Chelton.
Comptes rendus : *Paris-Presse*, 15 juin ; *Les Lettres françaises*, 9 juillet (Claude Olivier). *Le Figaro littéraire*, 8 juillet (Jacques Lemarchand) ; *Carrefour*, 14 juillet (Christian Megret).

1967 : théâtre Gramont (avec *Rapport pour une académie* de Kafka). Mise en scène : Jacques Mauclair. Le Vieux : Jacques Mauclair. La Vieille : Tsilla Chelton. L'Orateur : Louis Le Coz. Comptes rendus : *France-Soir*, 21 octobre (Jacqueline Cartier) ; *France-Soir*, 22 octobre (Jean Dutourd) ; *Le Monde*, 22 octobre (Bertrand Poirot-Delpech) ; *L'Aurore*, 23 octobre (André Ransan) ; *Le Figaro*, 23 octobre (Jean-Jacques Gautier) ; *L'Humanité*, 25 octobre (Philippe Madral) ; *Le Nouveau Journal*, 25 octobre (Henri Lecomte) ; *Les Nouvelles littéraires*, 26 octobre (Mathieu Galey) ; *Le Parisien*, 27 octobre (Georges Lerminier) ; *La Gazette de Lausanne*, 28 octobre ; *La Tribune de Genève*, 6 novembre (Claude Torracinta) ; *Témoignage chrétien*, 9 novembre (André Alter).

1969 : théâtre des Drapiers, Strasbourg. Mise en scène : André Pomarat. Le Vieux : Jean Schmitt. La Vieille : Renée Moine.
Compte rendu : *Les Lettres françaises*, 19 mars (Jean Besse).

1971 : théâtre de l'Alliance française (Rive Gauche) (avec *La Lacune* et *La Jeune Fille à marier*). Mise en scène : Jacques Mauclair. Le Vieux : Jacques Mauclair. La Vieille : Tsilla Chelton. L'Orateur : Francis Lemaire.
Comptes rendus : *Études*, décembre 1971 ; *Le Figaro*, 1er janvier 1972 (Pierre Mazars).

1975 : – Biothéâtre, compagnie Hubert Jappelle (étude pour marionnettes).
Compte rendu : *Le Quotidien de Paris*, 5 février (Patrick de Rosbo).
– Théâtre du Lucernaire. Le Vieux : Gabriel Blondé. La Vieille : Marie-Thérèse Roy.
Compte rendu : *Le Quotidien de Paris*, 17 juillet 1975 (Patrick de Rosbo).

1978 : théâtre du Marais (Jacques Mauclair).

1982 : – Théâtre Montparnasse (Grau-Stef).
– Théâtre Tristan Bernard *(id.)*.

1988 : théâtre de la Colline. Mise en scène : Jean-Luc Boutté. Le Vieux : Pierre Dux. La Vieille : Denise Gence. L'Orateur : Jorge Lavelli (enregistrement audiovisuel).
Comptes rendus : *Le Figaro*, 20 avril (Pierre Marcabru) ; *Le Monde*, 23 avril (Michel Cournot) ; *Le Figaro*, 30 avril (Jacques Nerson) ; *La Revue des Deux Mondes*, juin 1988 (Philippe Senart) ; *Théâtre*, 1, mars 1988 (Denise Gence) ; *Le Public*, n° 3, avril 1988 (Jean-Luc Boutté).

1993 (18 décembre)-1994 : théâtre du Marais. Mise en scène : Jacques Mauclair. Le Vieux : Jacques Mauclair. La Vieille : Tsilla Chelton. L'Orateur : Marcel Champel. (Jacques Mauclair et Tsilla Chelton ont joué ces rôles respectivement depuis 1956 et 1952.)

Les mises en scène et la réception des *Chaises* offrent un miroir révélateur à la fois de l'ambiguïté de l'œuvre et de la réputation de l'auteur. Tandis que le succès de la pièce est allé croissant en fonction de la notoriété d'Eugène Ionesco, promu progressivement du rang de plaisantin provocateur au statut d'écrivain classique universellement reconnu, l'interprétation des *Chaises* a varié selon que les metteurs en scène et les acteurs mettaient l'accent sur l'un ou l'autre des aspects opposés, contradictoires et cependant indissolublement liés, d'une œuvre oscillant entre réalisme et fantaisie, comique et tragique, absurdité et humanité.

La création des *Chaises* au théâtre du Nouveau Lancry, en avril 1952, dans une mise en scène de Sylvain Dhomme et des décors de Jacques Noël, avec Paul Chevalier dans le rôle du Vieux et Tsilla Chelton dans celui de la Vieille, fut, selon l'auteur lui-même, un « échec triomphal » : « On y jouait devant trois ou quatre personnes, et il y avait trois cent cinquante places. Adamov était enchanté. Il était venu voir la pièce, au balcon, et il disait : "Personne sur le plateau, personne dans la salle, c'est pour rien, ça a de la gueule" » (*Antidotes*, p. 212-213). Jacques Lemarchand, dans *Le Figaro littéraire* du 25 février 1956, rendra hommage à Sylvain Dhomme, « inventeur perspicace et metteur en scène aussi subtil que courageux », qui avait eu l'audace de représenter « une œuvre nouvelle de l'auteur de cette *Cantatrice chauve* et de cette *Leçon* qui venaient d'essuyer les mépris sanglants des plus illustres maîtres jurés goûteurs de théâtre ».

Le metteur en scène avait tenté de réaliser un difficile équilibre entre le réalisme et le symbolisme également inhérents à l'œuvre. Tout en rejetant, selon le vœu de l'auteur, les conventions d'un théâtre psychologique et social, il souhaitait « ouvrir un miroir dans la conscience de chaque spectateur », qui devait « reconnaître dans le spectacle ses raisons d'échec, ses raisons d'erreur, ses raisons d'aliénation ». Il résolut donc de jouer sur un contraste, opposant et alliant à la fois réalisme et abstraction : « Si les personnages sont insolites, les rapprocher du spectateur en leur trouvant un style de jeu sensible aux *détails* naturalistes, et créer l'autre dimension par la mise en scène et un décor abstrait » (Frédéric Towarnicki, « Des *Chaises* vides… à Broadway », *Spectacles*, n° 2, 1958). Ce choix lui fut d'abord vivement reproché par Jacques Lemarchand qui incrimina, dans *Le Figaro littéraire* du 3 mai 1952, le « contresens » qui consistait, selon lui, à suivre « au pied de la lettre » un texte inspiré par « l'incohérence et le refus du réel » et à traiter ce « poème incongru, spontané, avec un réalisme qui lui enlève toutes ses vertus ». Sylvain Dhomme répliqua, dans le même journal, le 17 mai, en affirmant qu'il n'ignorait pas la « part d'humour » que comportait ce théâtre, « à la limite du rire et de l'effroi », mais qu'il ne suffisait pas, pour que le spectateur se sentît « concerné », de quelques « pantalonnades » ou « pirouettes parodiques ». Sa mise en scène admettait la « Réalité », sans s'asservir au « Réalisme » : « Il y a de vrais boutons de porte dans le décor de Jacques Noël. Il y a des intonations volontairement quotidiennes dans la bouche de Tsilla Chelton et Paul Chevalier. Mais ces boutons sont souvent sans porte et le quotidien se désagrège jusqu'au cri, jusqu'au chant, jusqu'à cette petite danse du sentiment et de l'érotisme mêlés. Il nous fallait relier un monde intérieur fantastique et dérisoire au monde quotidien, afin de le distancer, mais aussi de le compromettre. »

L'accueil du public et de la presse a été généralement sévère, et Adamov s'indignait du « ton hargneux et méprisant de la critique à l'égard des *Chaises* » (*Arts*, nᵒ 359, mai 1952). Le chroniqueur de *Libération*, le 28 avril, condamnait sèchement « l'interminable dialogue des *Chaises* » et « l'inutilité, la gratuité, la viduité » de ce « verbiage à prétention métaphysico-psychologique ». Dans *Le Figaro* du 26 avril, Jean-Baptiste Jeener avait aussi critiqué la « grisaille » et le « noir ennui » que suscitaient, selon lui, ces « ombres de Bouvard et Pécuchet » : « Que reste-t-il de toutes ces chaises accumulées, de cette foule invisible et ridicule ? De ces points de suspension et de ces mots assassinés ? Une soirée languissante, une certaine angoisse née de l'absurde, mais certainement pas une pièce. » Plus pertinemment, dans *Les Lettres françaises* du 2 mai, Renée Saurel avait reconnu dans la pièce « une œuvre pénible qu'on ne peut accepter sans lutter » et qui se révèle « insupportable » au spectateur qui ne peut tolérer cette « image de la vieillesse et de la décrépitude », et qui « se défend » et « s'épargne » en refusant de « participer au jeu ».

Le rédacteur du nᵒ 357 d'*Arts*, le 7 mai, avait accusé brutalement les acteurs du Nouveau Lancry d'avoir « confondu poème et délire verbal, mystère et obscurité, inspiration et transpiration ». Mais dans le nᵒ 359 du même hebdomadaire a paru une « Défense des *Chaises* », où figurait la « protestation » de « quelques grands noms » contre la « mauvaise humeur » de la critique envers *Les Chaises*. Ainsi Jules Supervielle admirait dans la pièce « un texte hallucinant d'un bout à l'autre avec le miracle de la multiplication des chaises et la présence suggérée de tous ces spectateurs imaginaires du monde intérieur qui ne demandent qu'à s'asseoir, terribles et en rangs serrés, au beau milieu de notre conscience et de notre mémoire ». André Alter reconnaissait aussi dans *Les Chaises* une « expression dramatique de notre angoisse » : « *Les Chaises* disent l'échec de l'homme jusqu'aux frontières du tolérable. Mais il n'y a pas d'autre moyen de dire l'échec pour enfin tenter de le dépasser. » Jean Duvignaud rappelait et justifiait le « rôle provocateur de l'œuvre dramatique ». Jean Pouillon attribuait l'insuccès de la pièce au « ressentiment » éprouvé par les spectateurs et les critiques envers une accablante illustration de leurs propres insuffisances : « Ils sentent bien que les chaises vides, ce sont eux. » Arthur Adamov estimait aussi que le rejet de l'œuvre était inspiré par l'horreur et le refus que provoquait la représentation d'une réalité que nul ne consent à reconnaître en soi, une « vieillesse fondamentale qui n'a rien à voir avec l'âge et qui, à un certain niveau de conscience, représente un état de l'existence humaine » : « On se récrie au nom d'une esthétique alors qu'en réalité on a peur d'une image de la décrépitude qui réduit l'existence à un vagissement sans évolution depuis le berceau jusqu'à la mort. » Clara Malraux louait la nouveauté de cette « belle pièce » et la « puissance d'hallucination » de la mise en scène. Raymond Queneau, Samuel Beckett, en quelques mots, manifestaient aussi leur admiration et leur sympathie. Tous ces critiques, écrivains de métier, avaient bien perçu, dans *Les Chaises*, au-delà des jeux du langage et de la parodie, une dimension proprement métaphysique, une vision et une représentation de la condition humaine assez cruellement vraies pour provoquer chez le spectateur une prise de conscience obscure, un malaise, une révolte et un refus révélateurs. Les trente représentations des *Chaises*, en 1952, avaient fait apparaître, ainsi que le rappelait Jacques Lemarchand dans *Le Figaro littéraire* du 25 février 1956, une « dimension nouvelle » du théâtre d'Eugène Ionesco : « un tragique assez féroce, au-delà duquel nous découvrions une grande pitié et une grande amitié pour les êtres humains. »

Les représentations de 1956, au Studio des Champs-Élysées, eurent un tout autre retentissement. Certes une part des critiques et des spectateurs demeuraient déconcertés, réticents, voire hostiles à un écrivain que Jean-Jacques Gautier, le critique officiel du *Figaro*, dans un célèbre article du 17 octobre 1955, avait traité de « plaisantin », de « mystificateur » et de « fumiste démodé ». Mais la création d'*Amédée ou Comment s'en débarrasser* et la publication du tome I du *Théâtre* aux Éditions Gallimard, en 1954, avaient accru la notoriété de l'auteur. De plus *Les Chaises* étaient précédées, en lever de rideau, de *L'Impromptu de l'Alma*, une courte pièce où Ionesco, s'inspirant des précédents de Molière et de Giraudoux, se mettait lui-même en scène afin de répondre à ses détracteurs, de dénoncer les abus d'une critique agressive, intolérante et tyrannique, et de formuler sa propre conception de la création dramatique.

La mise en scène et l'interprétation de Jacques Mauclair, qui jouait le rôle du Vieux, avec Tsilla Chelton dans celui de la Vieille, avaient accentué et approfondi l'humanité des personnages et des situations. Jacques Mauclair, affirmait Ionesco, «donna aux personnages caricaturaux et guignolesques une vérité plus humaine, une tendresse, une psychologie» (Simone Benmussa, *Ionesco*, p. 112). Certes, ainsi que le notait Jacques Lemarchand dans *Le Figaro littéraire* du 25 février, la mise en scène et le jeu des acteurs respectaient cette «pudeur» propre au théâtre d'Eugène Ionesco, qui l'incline à «escamoter l'émotion» et à masquer la «tragédie par «la force burlesque» et les «savoureuses inventions verbales». Mais Pierre Marcabru, dans *Arts* du 21 février, invitait le spectateur à ne pas se laisser arrêter par les «artifices» de la «construction littéraire» et à «franchir le barrage des mots» afin d'accéder à la «sincérité» de l'auteur. Bien plus qu'un «monteur de répliques, un très adroit et très patient ajusteur de phrases», Ionesco lui semblait un dramaturge excellant à jeter un jour original sur la misère et la dérision de la condition humaine : «L'évidente conscience du grotesque des choses humaines donne à son théâtre cette puissance hostile, cette cruauté un peu visqueuse, cette ironie désespérée qui, bien plus que tous les procédés de style, attache le spectateur fasciné par ce tableau effarant qui est celui de sa propre vie.» Dans le même sens, Robert Abirached notait que «le tragique à tout moment affleure dans ces mécaniques humaines usées» et que des mots les plus simples émanait soudain «une nuance de tendresse infiniment lasse» ou «le poids de la solitude infinie de l'homme» : ici, «la farce est tragique» (*Études*, juillet-septembre 1956, tome 290, p. 119). Il n'est pas moins significatif que dans la revue *Théâtre populaire*, où régnait l'idéologie brechtienne ironiquement dénoncée par Ionesco dans *L'Impromptu de l'Alma*, Maurice Regnault, le 1er mars, tout en louant l'interprétation de «cette

fleur de farce aux troubles racines», affirmait y déceler aisément
«quelques thèmes fort familiers du théâtre bourgeois : la réussite
sociale, l'érotisme, la religion», et condamnait «le vide de ce
théâtre» éminemment subjectif, dépourvu de toute «réalité objective» et fondé sur la «vieille mystification» de la «confession
lyrique».

Mais la consécration la plus éclatante allait venir d'un des repré-
sentants les plus attitrés du théâtre traditionnel et «bourgeois»,
qui se qualifiait lui-même de «vieux boulevardier», avouait préfé-
rer Molière à Kafka et n'était pas suspect de complaisance envers
«l'avant-garde». Dans un article inséré en première page du *Figaro*
du 23 avril 1956 et intitulé «Du chapitre des *Chaises*», Anouilh flat-
tait irrésistiblement le snobisme éternel de la critique et du public
en déclarant que «tout Parisien qui aime le théâtre (et pas seulement le théâtre d'avant-garde) rougirait un jour ou l'autre dans un
salon de n'avoir pas vu *Les Chaises* (dans dix ans, dans vingt ans, *Les
Chaises* ont le temps, elles) à l'époque de leur création, merveilleu-
sement interprétées et mises en scène comme elles le sont». Suivait
un éloge appuyé, conclu d'un point fort : «Je crois bien que c'est
mieux que Strindberg, parce que c'est noir "à la Molière" d'une
façon parfois drôle, que c'est affreux et cocasse, poignant et toujours vrai et — sauf un tout petit coup d'avant-garde vieillotte, que
je n'aime pas, vers la fin — que c'est classique.»

Classique : le mot fit fortune, et s'imposa bientôt pour qualifier
paradoxalement un écrivain naguère accusé de tous les méfaits de
l'avant-garde. Ionesco, écrivait Bertrand Poirot-Delpech dans *Le
Monde* du 8 mars 1961, est désormais «joué dans près de quarante
pays», «donné en dictée» et considéré aux États-Unis comme «un
des écrivains les plus représentatifs de notre langage actuel»; ses
pièces, affirmait-il, sont devenues «des sortes de classiques, nées
d'une époque ainsi que tous les classiques, mais, comme eux,
durables au-delà d'elle».

Quelques années après la retentissante intervention d'Anouilh,
et au lendemain de la création de *Rhinocéros* à l'Odéon-Théâtre de
France en 1960, la réputation des *Chaises* et de leur auteur s'était
en effet sensiblement étendue. Lors de la reprise de la pièce au
Studio des Champs-Élysées en 1961, avec les mêmes acteurs, l'accueil de la critique et du public fut des plus favorables. «Le maudit
adulé», titrait Claude Olivier dans *Les Lettres françaises* du 16 mars.
«Entre 1952 et 1961», rappelait Jacques Lemarchand dans *Le*

Figaro littéraire du 18 mars, « *Les Chaises* ont fait le tour du monde » et « conquis le public le plus rétif ». D'aucuns cependant sem- blaient regretter la vigueur de leurs premières impressions lors de la création de 1952. « En neuf ans, un texte change, un spectateur aussi », et « la mémoire fait écran », notait dans *Arts*, le 15 mars, Pierre Marcabru, qui déplorait l'affaiblissement de l'effet de sur- prise initial : « L'on s'habitue à tout, même à Ionesco. (…) En devenant classique (ce qu'on nous propose est un spectacle clas- sique), Ionesco perd de son mystère. » En faisant trop ressentir « les facilités de l'écriture » et en cédant à « un comique réconfortant », estimait-il, la nouvelle mise en scène de Jacques Mauclair « tord le cou à l'angoisse, sinon à l'éloquence », et « vide la pièce de sa sub- stance ». Claude Olivier, dans *Les Lettres françaises* du 16 mars, avouait aussi avoir été surtout sensible, en revoyant *Les Chaises*, à leur « extraordinaire puissance comique », aux dépens de leur « caractère tragique » : « peinture de l'angoisse, mais cette angoisse même — et l'angoisse de chaque spectateur — est constamment tournée en dérision. » Bertrand Poirot-Delpech, dans *Le Monde* du 8 mars, regrettait également « l'insistance presque provocante » avec laquelle étaient soulignés les procédés de dérision, devenus désormais familiers et superflus dans une pièce où il préférait reconnaître une « illustration de l'angoisse éternelle » et « la plus accomplie des tragédies modernes ».

Ce débat sur la primauté du comique ou du tragique allait ali- menter longtemps les controverses entre les metteurs en scène et les critiques. Une représentation des *Chaises* au Nouveau Théâtre de Poche à Genève, en 1963, valorisait le pathétique : la pièce, écri- vait Rodo Mahert dans *La Tribune de Genève* le 6 juin, « sous de grands airs comiques mais grinçants, s'abîme finalement dans le tragique » et « le drolatique, ici, est constamment douloureux, cruel et pitoyable ». À Cracovie, la même année, l'interprétation de l'œuvre en accentuait délibérément l'intention métaphysique au point d'en bannir le comique. Or, protestait Jan Kott dans un article « à propos des *Chaises* à Cracovie », la pièce est « une farce, tragique, effrayante mais humoristique », et c'est trahir l'auteur que d'en éliminer le rire : « À Paris, rappelait-il, le public hurlait de rire ; à Cracovie, les rares spectateurs se sentaient de temps en temps parcourus par un frisson métaphysique. Et ils s'ennuyaient, oh ! comme ils s'ennuyaient ! On avait fait de cette farce tragique une séance spirite, trempée dans une sauce symbolique à la Maeterlinck, et baignant dans l'atmosphère des belles années fin-de-siècle » (*Cahiers de la Compagnie Renaud-Barrault*, nᵒ 42, février 1963, p. 72). Inversement, après une représentation des *Chaises* à Bucarest, en 1967, Jean Bloch-Michel, dans *La Gazette de Lausanne* du 15 juillet, reprochera aux comédiens d'avoir fondé leur interprétation sur une « erreur fondamentale » en poussant le jeu vers la « clownerie », alors qu'à son avis « le monde des *Chaises* est celui de l'absurde absolu, dans ce qu'il a de plus tragique et de plus désespérant ».

Est-ce le goût du temps ? le choix des acteurs ? l'état d'esprit des spectateurs ? La reprise des *Chaises*, au théâtre Gramont, en juillet 1965, dans une mise en scène de Jacques Mauclair, toujours avec Tsilla Chelton dans le rôle de la Vieille, mais Michel Vitold dans celui du Vieux, semble avoir encore assombri la pièce. Il est significatif que *Les Chaises*, à cette occasion, aient été associées à *Huis clos*, comme si ces « deux classiques modernes », selon l'expression de Jacques Lemarchand dans *Le Figaro littéraire* du 8 juillet, illustraient une même angoisse. Les absurdes héros de « ce concerto dément, touchant, et construit comme une œuvre musicale », écrivait le critique, étaient devenus pour les contemporains « des personnages de Dickens ». Christian Megret, dans *Carrefour*, le 14 juillet, constatait la même évolution dans la réception de la pièce, treize ans après sa création : « Il me semble qu'alors on riait davantage, aux dépens de ce vieux couple, ressassant des rêves dérisoires. Il me semble qu'à présent, c'est l'horreur de la déchéance, physique et mentale, que ce spectacle impose, et c'est, à la lettre, terrifiant. »

Deux ans après, la pièce est rejouée, dans le même théâtre, et précédée d'un texte également bien assorti : *Rapport pour une académie*, extrait de *La Métamorphose* de Kafka. Si « le fond ne surprend plus guère », écrivait Bertrand Poirot-Delpech dans *Le Monde* du 22 octobre, « la forme étonne toujours », et le spectateur demeure ébloui par un « sens inné du cocasse, de l'incongru, du pathétique et du coup de théâtre ». La pièce a conservé, malgré la multiplicité des représentations, le même pouvoir de surprise et d'émotion : « On pourrait craindre que des reprises aussi rapprochées et inchangées n'aient usé la pièce… et les interprètes. Il n'en est rien », et Jean Anouilh avait eu raison de prédire, il y a dix ans, que *Les Chaises* résisteraient au temps, car, « d'avant-garde ou non, elles sont nées classiques ». Il n'est pas jusqu'à Jean-Jacques Gautier, le très sévère censeur des années cinquante, qui ne se rallie à l'éloge unanime : «C'est cocasse et pathétique à souhait», concluait-il dans *Le Figaro* du 23 octobre 1967, en critiquant seulement un excès de longueur et d'«insistance».

Il faut cependant noter les réticences exprimées dans le numéro du 25 octobre de *L'Humanité*, dont Ionesco combattait vigoureusement l'esthétique et l'idéologie. Tout en louant l'interprétation de la pièce et en se félicitant que l'auteur fût devenu «familier» pour le public, Philippe Madral estimait que ce théâtre avait «vieilli», que sa thématique était «vieillotte», «idéaliste», incompatible avec la notion de progrès moral et social : «Thématique de l'immobilité, de l'identité à soi-même, empêchant tout *changement*, toute *mutation*, toute *crise*, tout *passage* d'un état à un autre.»

La critique helvétique, en revanche, abondait dans le sens de l'hyperbole. *Les Chaises*, écrivait le rédacteur de *La Gazette de Lausanne*, sont le «chef-d'œuvre» de l'auteur, «la dernière œuvre tragique de notre temps», et de conclure avec enthousiasme : «Le Ionesco des *Chaises* est aussi important que le Molière de *Tartuffe*.» Claude Torracinta, dans *La Tribune de Genève* du 6 novembre, admirait aussi dans *Les Chaises* un «chef-d'œuvre classique», un «admirable chef-d'œuvre» : Ionesco lui semblait être, avec Anouilh, «l'un des grands dramaturges de langue française», et *Les Chaises*, estimait-il, «méritent de figurer au Panthéon du théâtre».

De très nombreuses représentations des *Chaises* eurent encore lieu tant à Paris qu'en province, en France et à l'étranger. Jacques Mauclair reprit la pièce en 1978 au théâtre du Marais. En 1982, elle fut représentée au théâtre Montparnasse et au théâtre Tristan Bernard, ainsi qu'aux Pays-Bas et même, en opéra, à Taïwan.

En 1988, Denise Gence et Pierre Dux jouèrent *Les Chaises* au théâtre de la Colline. Le «ballet» des chaises demeurait très rigoureusement rythmé par le mouvement accéléré des jeux sonores et lumineux. Mais Jean-Luc Boutté, le metteur en scène, avait souhaité que les acteurs prêtent à leur personnage «toute leur densité d'êtres humains, authentiques», en leur apportant «quelque chose de charnel, une certaine épaisseur» et «une certaine drôlerie» qui n'excluât cependant pas la «sensibilité». La pièce, estimait-il en effet, «parle d'une façon simple, sans artifices, de nous, de la solitude, de l'échec, du désir, de la tendresse, de l'amour» (*Le Public*, nº 3, 1988). La critique et le public furent sensibles à cette humanité de l'interprétation, jugée parfois trop réductrice. Ainsi Michel Cournot, dans *Le Monde* du 23 avril 1988, regrettait que dans cette pièce, où il voyait « l'un des sommets du théâtre de Ionesco et du théâtre tout court », le metteur en scène eût incité les interprètes à se contenter de « contrefaire un vieux ménage de petits Français qui ont raté leur existence ». Tandis que les acteurs avaient adopté lors de la création, en 1952, un « style de dérision » propre à déconcerter les spectateurs, Pierre Dux et Denise Gence, écrivait aussi Philippe Sénart dans *La Revue des Deux Mondes* du mois de juin 1988, « sont simplement un homme et une femme » exprimant « la vérité toute nue de leur amour ». Mais le critique était également attentif à la profondeur d'une pièce — et d'un théâtre — où il percevait « une méditation sur l'homme » et sa destinée, une réflexion sur « les vérités premières » et « les fins dernières », et l'intuition que « l'Amour » est la « seule réponse » à « l'angoisse humaine ».

En décembre 1993, Jacques Mauclair et Tsilla Chelton reprirent une nouvelle fois *Les Chaises* au théâtre du Marais. Les acteurs, tenants du rôle depuis une quarantaine d'années, n'avaient certes pas atteint, comme il se murmurait abusivement, l'âge de leurs personnages. Mais la réalité cependant rattrapait peu à peu la fiction, la rendait plus humaine et plus émouvante.

Quelques mois après, Ionesco disparut. Au théâtre du Marais, l'obscurité tombait le soir sur la scène vide, encombrée de chaises. Les Vieux, les invités invisibles et l'Orateur s'étaient évanouis comme des ombres, emportant dans le néant leur pseudo-message. Seul demeurait le message authentique et ambigu de l'œuvre, avec toutes ses interrogations et ses interprétations toujours renouvelées. On écrit et on crée, avait déclaré Ionesco (*Antidotes*, p. 333), « pour se perpétuer soi-même, pour vaincre la mort. Nous sommes là avec nos tableaux, nos musiques, nos poèmes, nos livres, en quête d'un semblant d'immortalité. On écrit pour ne pas mourir entièrement... ».

BIBLIOGRAPHIE CHOISIE

I) SOURCES BIBLIOGRAPHIQUES

Outre la *Bibliographie der Französischen Literaturwissenschaft* d'Otto Klapp (Francfort, Klostermann, depuis 1956) et les bibliographies de la *Revue d'histoire littéraire de la France*, on utilisera les bibliographies spécialisées concernant Ionesco :

GRIFFITH Hugues et BURY Ruth, *Eugène Ionesco. A Bibliography* (Cardiff, University of Wales Press, 1974).
LEINER Wolfgang, *Bibliographie et index thématique des études sur Ionesco* (Fribourg, Suisse, Éd. Universitaires, 1980).

Les bibliographies « choisies » les plus riches et les plus récentes, à ce jour, figurent dans les ouvrages suivants :

LISTA Giovanni, *Ionesco* (Paris, Henri Veyrier, 1989), p. 177-213.
VERNOIS Paul, *La Dynamique théâtrale d'Eugène Ionesco* (Klincksieck, 1991), p. 337-375.
JACQUART Emmanuel, édition du *Théâtre complet* d'Eugène Ionesco, Gallimard, Pléiade, 1991, p. CVII-CXIX.

II) ŒUVRES D'EUGÈNE IONESCO

1. Théâtre

- Éditions collectives :
  Théâtre I, Gallimard, 1954 : *La Cantatrice chauve, La Leçon, Jacques*

ou la Soumission, Les Chaises, Victimes du devoir, Amédée ou Comment s'en débarrasser.

Théâtre II, Gallimard, 1958 : *L'Impromptu de l'Alma, Tueur sans gages, Le Nouveau Locataire, L'avenir est dans les œufs, Le Maître, La Jeune Fille à marier.*

Théâtre III, Gallimard, 1963 : *Rhinocéros, Le Piéton de l'air, Délire à deux, Le Tableau, Scène à quatre, Les Salutations, La Colère.*

Théâtre IV, Gallimard, 1966 : *Le roi se meurt, La Soif et la Faim, La Lacune, Le Salon de l'automobile, L'Œuf dur, Le Jeune Homme à marier, Apprendre à marcher.*

Théâtre V, Gallimard, 1974 : *Jeux de massacre, Macbett, La Vase, Exercices de conversation et de diction françaises pour étudiants américains.*

Théâtre VI, Gallimard, 1975 : *L'Homme aux valises, Ce formidable bordel.*

Théâtre VII, Gallimard, 1981 : *Voyage chez les morts, Thèmes et variations.*

Théâtre complet, éd. Emmanuel Jacquart, Gallimard, Pléiade, 1991. Préface, chronologie, notices, notes, iconographie, documents, bibliographie, et deux pièces inédites.

– Éditions séparées :

dans la collection «Le Manteau d'Arlequin» (Gallimard) : *La Cantatrice chauve, La Leçon* (1970) ; *Rhinocéros* suivi de *La Vase* (1970) ; *Le roi se meurt* (1963) ; *Jeux de massacre* (1970), *Macbett* (1972).

dans la collection Folio (Gallimard) : *La Cantatrice chauve, La Leçon* (1972) ; *Le roi se meurt* (1973) ; *Les Chaises, L'Impromptu de l'Alma* (1973) ; *Tueur sans gages* (1974) ; *Macbett* (1975) ; *Rhinocéros* (1976) ; *Victimes du devoir* (1990).

dans la collection «Folio Théâtre» (Gallimard) : *La Cantatrice chauve* (éd. Em. Jacquart, 1993) ; *La Leçon* (éd. Em. Jacquart, 1994).

2. Récits

La Photo du colonel (Gallimard, 1962).
Le Solitaire (Mercure de France, 1973, et Gallimard, Folio, 1976).
Contes (Gallimard, Folio Benjamin, 1983-1985).

3. Écrits intimes

Entretiens avec Claude Bonnefoy (Belfond, 1966). Repris et augmenté sous le titre *Entre la vie et le rêve* (Belfond, 1977).

Journal en miettes (Mercure de France, 1967, et Gallimard, «Folio Essais», 1993).

Présent passé Passé présent (Mercure de France, 1968, et Gallimard, «Idées», 1976).

Découvertes, illustré par l'auteur (Skira, 1970).

La Quête intermittente (Gallimard, 1988).

4. Recueils d'articles

Antidotes (Gallimard, 1977).

Un homme en question (Gallimard, 1979).

5. Essais critiques

Notes et contre-notes («Pratique du théâtre», Gallimard, 1962; «Idées», Gallimard, 1966; «Folio Essais», Gallimard, 1991).

Hugoliade, traduit par Dragomir Costineanu (Gallimard, 1982).

Non, traduit du roumain par Marie-France Ionesco (Gallimard, 1986).

6. Œuvres diverses

Pour les très nombreux articles, entretiens, scénarios, ballets, opéras, traductions, préfaces, œuvres graphiques et filmiques, on se reportera aux bibliographies mentionnées ci-dessus, p. 123.

III) OUVRAGES CRITIQUES

Parmi les très nombreux travaux actuellement consacrés dans le monde à Ionesco et partiellement répertoriés dans les bibliographies mentionnées ci-dessus, on pourra se référer, pour une première et déjà substantielle étude, à un choix limité de livres et d'articles écrits en français :

1. Monographies

SÉNART Philippe, *Ionesco* (Éditions Universitaires, 1964).

BENMUSSA Simone, *Ionesco* (Seghers, «Théâtre de tous les temps», 1966).

BONNEFOY Claude, *Entretiens avec Eugène Ionesco* (Belfond, 1966). Repris sous le titre *Entre la vie et le rêve.*

DONNARD Jean-Hervé, *Ionesco dramaturge ou l'Artisan et le Démon* (Lettres Modernes, Minard, 1966).

BRADESCO Faust, *Le Monde étrange d'Eugène Ionesco* (Paris, Promotion et Édition, 1967).

ABASTADO Claude, *Ionesco* (Bordas, 1971).

SAINT TOBI, *Eugène Ionesco ou À la recherche du paradis perdu* (Gallimard, « Les Essais », 1973).

LISTA Giovanni, *Ionesco* (Henry Veyrier, 1989).

HUBERT Marie-Claude, *Ionesco* (Le Seuil, « Les Contemporains », 1990).

VERNOIS Paul, *La Dynamique théâtrale d'Eugène Ionesco* (1972) (nouvelle édition, Klincksieck, 1991).

PLAZY Gilles, *Eugène Ionesco* (Julliard, 1994).

COUTIN André, *Ruptures de silence* (Mercure de France, 1995).

2. Anthologie de textes critiques

LAUBREAUX Raymond, *Les Critiques de notre temps et Ionesco* (Garnier, 1973). Extraits d'ouvrages et d'articles de Claude Abastado, Georges Anex, Simone Benmussa, Faust Bradesco, Richard N. Coe, Jean Delay, Sylvain Dhomme, Jean-Hervé Donnard, Bernard Dort, Serge Doubrovsky, Martin Esslin, Henri Gouhier, David. I. Grossvogel, Jacques Guicharnaud, Robert Kanters, Maurice Lécuyer ' Jacques Lemarchand, Gabriel Marcel, Hans Mayer, Agnès Nicolaïevna Mikheieva, Dominique Nores, Leonard C. Pronko, Gilles Sandier, Renée Saurel, Jacques Schérer, Hildegard Seipel, Philippe Sénart, Geneviève Serreau, Pierre-Aimé Touchard, Frédéric Towarnicki, Jean Vannier, Hélène Vianu.

3 Numéros spéciaux de périodiques

Cahiers de la Compagnie Renaud-Barrault, n⁰ 29 (janvier 1960), n⁰ 42 (février 1963), n⁰ 53 (1966).

Cahiers des Saisons, n⁰ 15 (hiver 1959).

4. Actes de colloques

Ionesco. Situation et perspectives. Actes du colloque de Cerisy-la-Salle (août 1978), avec la participation d'Eugène Ionesco. Textes réunis par Marie-France Ionesco et Paul Vernois (Belfond, 1980). Préface d'Eugène Ionesco. Communications de Claude

Abastado, Roger Bensky, Mircea Eliade, Martin Esslin, Henri Gouhier, Jeanyves Guérin, Gelu Ionesco, Emmanuel Jacquart, Pierre Larthomas, Michel Lioure, Yves Moraud, Jean Onimus, Michel Pruner, Paul Vernois, Colette Weil.

5. Ouvrages généraux sur le théâtre en France au XXe siècle, où figurent des chapitres ou des développements significatifs sur Ionesco :

CORVIN Michel, *Le Théâtre nouveau en France* (Presses Universitaires de France, « Que sais-je ? », 1963).

ESSLIN Martin, *Théâtre de l'absurde* (Buchet-Chastel, 1963).

PRONKO Leonard C., *Théâtre d'avant-garde. Beckett, Ionesco et le théâtre expérimental en France* (Denoël, 1963).

SERREAU Geneviève, *Histoire du nouveau théâtre* (Gallimard, « Idées », 1966).

SURER Paul, *Cinquante ans de théâtre* (Bordas, 1970).

JACQUART Emmanuel, *Le Théâtre de dérision. Beckett, Ionesco, Adamov* (Gallimard, « Idées », 1974).

MIGNON Paul-Louis, *Le Théâtre du XXe siècle* (Gallimard, « Folio Essais », 1986).

HUBERT Marie-Claude, *Langage et corps fantasmé dans le théâtre des années cinquante : Beckett, Ionesco, Adamov* (Corti, 1987).

JOMARON Jacqueline, *Le Théâtre en France*, t. II (Armand Colin, 1989).

6. Sur *Les Chaises* en particulier, on pourra consulter ci-dessus, p. 111-113, une liste (non exhaustive) des comptes rendus critiques auxquels ont donné lieu les principales représentations dans la presse.

Parmi les très nombreux articles (en français) parus dans des revues, on retiendra notamment :

ABIRACHED Robert, « Ionesco et *Les Chaises* », *Études*, n° 7 (juillet 1956).

MAJEWSKA Maria, « *Les Chaises*. Structure et aspect théâtral », *Romania Wratislaviensia*, XI (1975).

SÉNART Philippe, « Une farce tragique, *Les Chaises* », *La Revue des Deux Mondes*, juin 1988.

ZIMMERMANN Pamela, « L'image du Néant dans *Les Chaises* de Ionesco », *Chimères*, XIV, 2, printemps 1991 (Department of French, University of Kansas).

NOTES

Page 29.

1. Par opposition à *La Leçon*, qualifiée de « drame comique », Ionesco, refusant les distinctions traditionnelles entre les genres et les tons, définissait *Les Chaises* comme une « farce » qu'il avait « voulue dramatique, mais farce, aussi » (cité ci-dessus, notice, p. 110).

Page 30.

1. Le Vieux : Ionesco refusait de préciser l'identité des personnages, afin de leur conférer une portée plus générale. S'il n'a pas donné de nom à ses personnages, affirmait-il, c'est parce qu'il n'aime pas le « réalisme » et que « des personnages comme le Vieux, la Vieille, le Professeur, représentent certains types d'humanité » et donc « n'ont pas besoin de bureaucratie pour les définir » (entretien du 10 septembre 1979, dans Marie-Claude Hubert, *Langage et corps fantasmé dans le théâtre des années cinquante*, p. 258). Cependant la Vieille est dotée d'un nom : voir ci-dessous, p. 34 et note 2.

2. Ionesco protestait contre les metteurs en scène, allemands notamment, qui par souci de réalisme entendaient ne placer sur le plateau qu'un nombre limité de chaises, équivalant aux personnages invisibles avec lesquels les Vieux étaient censés converser. Or, précisait-il, « ce qui est important dans cette pièce, c'est de créer la foule. S'il y a cinquante chaises, il faut donner l'impression qu'il y en a beaucoup plus, qu'il y a une foule énorme et invisible. Si on joue seulement avec douze chaises, on n'a plus que le drame de deux vieux gâteux qui croient ou font semblant de croire qu'ils

reçoivent quelques amis» (Claude Bonnefoy, *Entretiens avec Eugène Ionesco*, p. 113).

Page 31.

1. Les murs circulaires accentuent le sentiment d'«isolement» et d'«encerclement» qu'éprouvait Ionesco (*Notes et contre-notes*, p. 304) et que traduit, dans *Les Chaises* et dans bien d'autres pièces, «une dramaturgie dominée par l'idée de circularité» (Paul Vernois, *La Dynamique théâtrale d'Eugène Ionesco*, p. 76). Le mur, «mur des lamentations, mur de la séparation» (*Journal en miettes*, p. 96), est également un des cauchemars récurrents d'Eugène Ionesco (cf. *ibid.* p. 74-75, 89-90...).

Page 33.

1. Le décor (la lumière, la fenêtre et l'escabeau) ne laisse pas d'évoquer la scène de *Fin de partie* de Beckett.

2. L'eau, dans l'imagination d'Eugène Ionesco, est un élément maléfique et mortifère, une «image d'angoisse» associée à l'idée de «décomposition» (*Journal en miettes*, p. 193). Voir en particulier le récit de «La Vase» (*La Photo du colonel*). C'est dans l'eau que les Vieux périront au dénouement.

3. La vie du roi François Ier ne semble pas avoir comporté de semblable épisode. Souvenir de l'emprisonnement du roi dans la tour de l'Alcazar de Madrid, ou allusion fantaisiste à Louis II de Bavière, mort noyé en 1886, auquel est consacrée une strophe de *La Chanson du mal-aimé* d'Apollinaire?

Page 34.

1. Nostalgie de l'amour maternel, fréquemment associé, dans la sensibilité d'Eugène Ionesco, à l'amour conjugal. Voir ci-dessous p. 39 et note 1.

2. Sémiramis : le nom prestigieux de la fondatrice et reine légendaire de Babylone est choisi pour contraster ironiquement avec la médiocrité de la Vieille et la familiarité de l'appellation qui suit. «Je l'ai cherché longtemps, ce nom», déclarait Ionesco, «pour faire comique, pour qu'il contraste avec la situation de la Vieille, avec celle du Vieux. (...) Je voulais que ce fût un nom pédant et inattendu» (Marie-Claude Hubert, *Ionesco*, p. 246).

3. «Plus on va, plus on s'enfonce» : la formule avait été déjà attribuée à un personnage évoqué dans «Printemps 1939» (*La Photo du colonel*, p. 177).

4. Cf. *La Quête intermittente*, p. 54 : « Et ma femme, la pauvre, qui s'imagine que je suis quelqu'un ou quelque chose. Personne n'est quelque chose. »

Page 35.

1. L'ennui est l'un des sentiments qui ont constamment assailli l'auteur. « Je m'ennuie souvent », déclarera le héros du *Solitaire; « J'ai le vertige et j'ai peur de l'ennui » (*Le Solitaire*, p. 81). Ionesco souffrira de l'ennui jusqu'à la fin de sa vie : « Ce qui m'ennuie autant que la vieillesse, ce qui m'ennuie autant que mes souffrances, c'est l'ennui lui-même. (…) L'ennui vient sur vous comme un flot, un flot d'ennui. Je crie moins de douleur que d'ennui… » (*Le Figaro*, 1er octobre 1993).

2. « Bois ton thé » : traduction d'une phrase orientale et quasi proverbiale, notait Marie-Claude Hubert : « c'est de la part du Vieux, une façon poétique de demander à la Vieille de se mêler de ce qui la regarde » (Marie-Claude Hubert, *Ionesco*, p. 273). Dans *La Quête intermittente* (p. 84), Ionesco prêtait à la formule un sens quelque peu différent : « Il n'y a pas de problèmes à se poser. Quand on posait une question métaphysique ou une question trop ample à un maître Zen, il vous répondait : "En ce moment, je bois mon thé." »

3. La référence à Stan Laurel (1890-1965), le comique américain qui formait un couple célèbre avec Oliver Hardy, met l'accent sur l'aspect farcesque et clownesque du personnage — et de la pièce. La relation entre le geste et le mois de l'année qu'il est censé imiter est évidemment gratuite.

Page 36.

1. Le jardin d'Éden, comme le suggère Jean-Hervé Donnard (*Ionesco dramaturge*, p. 56) ? En tout cas le souvenir d'une quête avortée, d'un paradis fermé.

Page 37.

1. Une église de village : « Dans *Les Chaises*, écrira Ionesco, les personnages n'ont que le souvenir d'une église dans un jardin lumineux et puis, comme cette lumière disparaît, la pièce débouche sur le néant » (*Antidotes*, p. 315). Le regret du bonheur perdu est lié, dans le souvenir d'Eugène Ionesco, au séjour qu'il fit, enfant, au Moulin de La Chapelle-Anthenaise, en Mayenne (voir « Printemps 1939 » dans *La Photo du colonel*) : « Ce lieu, déclarait-il,

est toujours pour moi comme l'image d'un paradis perdu»
(Claude Bonnefoy, *Entretiens*, p. 13).

2. «Même si cette image est le produit des divagations délirantes
du Vieux, elle n'en révèle pas moins la psychose de l'An Mille,
l'obsession d'une catastrophe universelle», aggravée par les han-
tises de l'ère atomique (Jacques Guicharnaud, «Un monde hors de
contrôle», *Cahiers de la Compagnie Renaud-Barrault*, n° 42, p. 23).

3. Chanson du répertoire de Maurice Chevalier (1888-1972),
célèbre entre les deux guerres.

4. Cf. *Journal en miettes*, p. 34 : «J'en aurais pu faire des choses, il
y aurait pu avoir tant de réalisations si la fatigue, une inconcevable,
énorme fatigue ne m'avait accablé. »

Page 38.

1. Séquence de fragments enchaînés par des associations pho-
nétiques et sémantiques engendrées par un phonème (*ri* : ri, riz,
arriva...) ou des mots (drôle, ventre, terre...).

2. Une des sources du «malaise» d'Eugène Ionesco est la «séparation inconsolée d'avec la mère» (*Journal en miettes*, p. 84), dont la
mort n'a cessé de hanter ses rêves (voir *Un homme en question*,
p. 132, et ci-dessus, préface, p. 17).

Page 39.

1. Ionesco a souvent perçu son mariage comme un «rituel» de
«passation des pouvoirs» de sa mère à son épouse : «Ma mère me
confia à ma femme, qui me prit en charge et qui est devenue, par
la suite, mon seul parent, plus mère que ma mère» (*Journal en
miettes*, p. 155-156).

Page 40.

1. «J'ai un message» : ennemi de toutes les idéologies, Ionesco
s'est toujours défié des «messages» et considérait qu'ils n'en-
traient pas dans ses fonctions de dramaturge : «Je n'ai pas de goût
pour les messies», déclarait-il, et «je ne crois pas que la vocation de
l'artiste ou du dramaturge soit orientée vers le messianisme. (...)
Apporter un message aux hommes, vouloir diriger le cours du
monde, ou le sauver, c'est l'affaire des fondateurs de religions, des
moralistes ou des hommes politiques, — lesquels, entre paren-
thèses, s'en tirent plutôt mal» (*Notes et contre-notes*, p. 138-139).
«Mes pièces, affirmera-t-il encore, ne prétendent pas sauver le
monde» (*ibid.*, p. 268).

2. Réplique en « style parataxique » où Paul Vernois voit un « style du discontinu, de l'anarchique », accordé à « l'incohérence du monde » (Paul Vernois, *op. cit.*, p. 236).

Page 41.

1. Chérie, Paris, quoi, qui, exquis, crois, endroit, esprit : ébauches de rimes et de rythmes, où l'on peut discerner « le rythme hésitant d'une comptine » (Paul Vernois, *op. cit.*, p. 259-260).

Page 42.

1. Serge Doubrovsky (« Le rire d'Eugène Ionesco », *Nouvelle Revue française*, n° 86, 1ᵉʳ février 1960, p. 318-319) commentait ainsi ces propos de la Vieille : « Comme Claudel, elle croit que le langage opère le mariage de l'être et de l'homme, qu'il constitue un salut, un moyen de repeupler le vide, de combler la solitude, bref qu'il reflète un Logos divin. Il va s'agir de montrer la duplicité et l'échec de la parole à tous les niveaux. »

Page 43.

1. Série d'énumérations délirantes où l'enchaînement des termes est commandé par une loi d'hétérogénéité (marchands, bâtiments, porte-plume, chromosomes) ou par un jeu d'homophonies (homéotéleutes : prolétaires, fonctionnaires, militaires, etc., ou allitérations : pape, papillons, papiers).

Page 44.

1. Représentation scénique et dynamique du cercle et de l'encerclement où Paul Vernois reconnaît un motif dominant de l'onirisme de Ionesco, commandant une « dramaturgie dominée par l'idée du cercle » (Paul Vernois, *op. cit.*, p. 76 *sq.*).

Page 47.

1. La contradiction fait partie, avec les platitudes et les lieux communs, des absurdités de la conversation, déjà caricaturées dans *La Cantatrice chauve* et *Jacques ou la Soumission*, et qui trahissaient, selon Ionesco, la nullité de la pensée.

Page 49.

1. Glissement d'une embarcation, violents coups de sonnette : la réalité des sons perçus par les personnages et les spectateurs,

contrastant avec l'invisibilité des personnes introduites, engendre un sentiment de confusion entre le réel et l'irréel. La pièce en effet ne prétend pas illustrer la démence ou les hallucinations des Vieux, mais l'incertitude de la connaissance et l'inconsistance du monde : c'est « une méditation sur une phénoménologie de la perception » (Marie-Claude Hubert, *Ionesco*, p. 106).

Page 53.

1. Noter la précision de la mise en scène imaginée par l'auteur et des déplacements réglés selon un mouvement en « écheveau », où l'on peut discerner une figuration de « l'écheveau de rêves vains que les psychiatres désignent par le nom de cocon » (Paul Vernois, *op. cit.*, p. 89 et croquis p. 90). Voir ci-dessous p. 66 et note 2.

Page 54.

1. Anticipation des lamentations d'Eugène Ionesco sur les dégradations de l'âge. Voir les articles écrits, quelques mois avant sa mort, sur « la cruelle vérité de la vieillesse » (*Le Figaro*, 1er octobre 1993) et le spectacle affligeant du vieillissement : « À quoi sert de vieillir ? Regarder les autres vieillir » (*Le Figaro*, 18 février 1994).

Page 56.

1. « Dos à dos » : Marie-Claude Hubert a noté la signification de cette attitude, « qui symbolise tragiquement leur mésentente » (*op. cit.*, p. 100).

2. Villon, *Ballade des dames du temps jadis*.

Page 57.

1. « C'est dans la contradiction que gît la vérité des personnages », écrit Marie-Claude Hubert à propos de ces « métamorphoses » : « La Vieille dans *Les Chaises*, le Professeur de *La Leçon*, le Policier dans *Victimes du devoir*, sont des personnages déroutants par leur dualité. La Vieille, présentée au début de la pièce comme une épouse fidèle et aimante, va révéler sa véritable nature hystérique » (*Langage et corps fantasmé dans le théâtre des années cinquante*, p. 53). Voir dans *Victimes du devoir* (*Théâtre*, Gallimard, Pléiade, p. 242) les déclarations de Nicolas d'Eu sur la « nouvelle logique » et la « psychologie des antagonismes » : « Nous abandonnerons le principe de l'identité et de l'unité des caractères, au profit du mouvement, d'une psychologie dynamique... Nous ne sommes pas

nous-mêmes... La personnalité n'existe pas. Il n'y a en nous que des forces contradictoires... »

Page 58.

1. Série de calembours fondés sur des homonymies (les crêpes, tissus et pâtisseries ; le sucre et le suc gastrique), des contaminations absurdes (l'œuf de bœuf, combinaison entre l'œil de bœuf et le proverbe : qui vole un œuf vole un bœuf) ou de simples assonances (heure de beurre, doigts adroits).

2. Série d'allusions grandiloquentes et dérisoires à la pomme d'Ève et au fameux poème de Ronsard, « Mignonne, allons voir si la rose... »

Page 59.

1. Le remords du « fils ingrat » poursuit Ionesco qui lui aussi, après de violents affrontements avec son père, a « claqué la porte » et « s'en est allé » (voir *Présent passé Passé présent*, p. 25, et *Victimes du devoir*, *Théâtre*, p. 222 : « Père, nous ne nous sommes jamais compris... »).

2. La contradiction entre les discours du Vieux et ceux de la Vieille illustre à la fois la sénilité des personnages et l'incertitude du réel. Elle manifeste aussi, de la part de l'auteur, le refus du réalisme et de la logique.

Page 60.

1. L'obsession de l'abandon et de la mort de la mère a longtemps hanté les rêves d'Eugène Ionesco : voir le *Journal en miettes*, p. 175-176, et *Un homme en question*, p. 132 (cité ci-dessus, préface, p. 17).

Page 62.

1. Ces bribes incohérentes et rompues de propos inachevés sont un des procédés par lesquels Ionesco, dans *Les Chaises* aussi bien que dans *La Cantatrice chauve* et *Jacques ou la Soumission*, se plaît à dénoncer la nullité des conversations quotidiennes et l'échec de la communication entre les hommes.

Page 64.

1. MAIllot est un ancien code téléphonique parisien. Providence est probablement mis — non sans ironie ! — pour PRO

vence, autre code correspondant à un secteur du réseau téléphonique de Paris.

Page 66.

1. La disposition des chaises, imitant celle des fauteuils des spectateurs, engendre un effet de miroir caractéristique du théâtre dans le théâtre et dénonçant du même coup l'universelle « illusion comique ».

2. Sur le mouvement des chaises et des acteurs, voir ci-dessus p. 53 et note 1.

Page 68.

1. Le mouvement accéléré des personnages et des objets est ici intégralement substitué au dialogue et exclusivement chargé de suggérer l'invasion de la foule.

Page 74.

1. Rappel du mot de Rimbaud dans ses lettres du « voyant » (« Je est un autre »), et méditation familière à Ionesco : « C'est quoi, moi ? c'est quoi, l'autre ? Je suis autre, les autres, les autres sont moi, l'autre, c'est moi » (*La Quête intermittente*, p. 55).

2. Parodie du précepte évangélique : « Mes enfants, aimez-vous les uns les autres. » C'est aussi l'expression d'un pessimisme amer et d'une défiance envers la nature humaine : « Chacun hait dans l'autre le mortel qu'il est lui-même. Dicton : mes enfants, méfiez-vous les uns des autres » (*Journal en miettes*, p. 150). Dicton aggravé dans *Ce formidable bordel* (*Théâtre*, p. 1146) et *Antidotes*, p. 319 : « Mangez-vous les uns les autres. »

Page 76

1. Cf. *Présent passé Passé présent*, p. 66-67 : « Tous les systèmes sont faux (…). Plus un système est parfait, rond, admissible, vraisemblable, logique, cohérent, plus il est irréel, artificiel. »

2. Ionesco a souvent proclamé sa défiance et son hostilité envers « ceux qui désirent ardemment le salut ou le bonheur de l'humanité », généralement au nom d'une idéologie tyrannique et meurtrière : « Les sauveurs de l'humanité ont fondé les Inquisitions, inventé les camps de concentration, construit les fours crématoires, établi les tyrannies » (*Notes et contre-notes*, p. 225).

3. L'épiphanie lumineuse est une expérience, à la fois sensible et mystique, éprouvée par Ionesco dans sa jeunesse et qu'il a fréquemment évoquée dans ses entretiens (Claude Bonnefoy, *Entretiens*, p. 36-37), ses écrits intimes (*Journal en miettes*, p. 60-62), son roman *Le Solitaire* (p. 206-208) et son théâtre (*Tueur sans gages*, «Folio», p. 38-39).

4. L'Empereur est-il une image de Dieu? «Dans *Les Chaises*, affirmera Ionesco, il est question de Dieu d'une façon tellement évidente que personne ne s'en aperçoit» (*Antidotes*, p. 243). L'Empereur est le terme employé, dans la religion orthodoxe, pour désigner Dieu. Mais c'est ici un Dieu invisible et muet, semblable au Godot de Beckett, que les Vieux adoreront et imploreront en vain.

Page 83.

1. «Les genoux de mon père» : «Rêve de réconciliation» avec le père (*Journal en miettes*). Les moustaches et les cheveux grisonnants du fils manifestent une nostalgie de l'enfance à l'âge mûr.

Page 85.

1. L'apparition de l'Orateur et sa présence réelle aux yeux des personnages et des spectateurs ne laissaient pas de poser un problème auquel l'auteur tentait de répondre en insistant sur le caractère arbitraire et conventionnel de la représentation théâtrale : «Pourquoi voit-on l'Orateur et ne voit-on pas les autres personnages qui affluent sur le plateau? L'Orateur existe-t-il vraiment, est-il réel? Réponse : il n'existe ni plus ni moins que les autres personnages. Il est aussi invisible que les autres, il est aussi réel et aussi irréel; ni plus ni moins» (*Notes et contre-notes*, p. 260).

De plus l'attitude et la tenue de l'Orateur ont pour résultat de le ridiculiser et de discréditer du même coup le «message» qu'il est censé transmettre.

Page 88.

1. «Ma mission est accomplie» : parodie du sentiment de satisfaction — particulièrement illusoire et déplacé dans le cas du Vieux — qui tient au sentiment de la mission accomplie. Ionesco l'éprouvera lui-même à son heure : «Mais peut-être que nous sommes là pour quelque chose, pour une mission... Peut-être

l'ai-je accomplie ? Peut-être, oui, j'ai fait ce que j'avais à faire, peut-être, peut-être. Je refuse de penser que je suis là pour rien » (*La Quête intermittente*, p. 83).

Page 89.

1. « Le sacrifice suprême » : à Emmanuel Jacquart qui lui faisait remarquer la gratuité de ce « sacrifice », Ionesco répondait que, ne sachant comment achever la pièce, il avait imaginé de « se débarrasser de ses protagonistes par un suicide qui confirmerait le vide de l'existence » (*Théâtre*, p. 1534, note 3).

2. Voir p. 33 et note 2.

Page 90.

1. « Il faut laisser des traces », écrira Ionesco dans *Présent passé Passé présent* (p. 92), pour justifier l'activité de l'artiste et de l'écrivain.

Page 91.

1. Le mutisme inattendu de l'Orateur censé délivrer le message est évidemment le symbole et l'expression d'un échec total de l'entreprise et de la communication humaines.

« *Le mot de la fin*, pour Ionesco, c'est justement le silence : celui que seul un muet pouvait "dire". La fin des *Chaises* nous révèle donc clairement la volonté qui anime toute la destruction du langage dans le théâtre de Ionesco : refermer le *silence* de l'univers sur *l'absence* de l'humanité » (Jean Vannier, « Langages de l'avant-garde », dans *Théâtre populaire*, n° 18, 1er mai 1956, cité dans Raymond Laubreaux, *Les Critiques de notre temps et Ionesco*, p. 61).

La situation pourrait rappeler — ou présager — une anecdote effectivement survenue lors d'une « décade » organisée à Cerisy-la-Salle en 1953 sur le théâtre : Ionesco, qui devait prononcer une communication très attendue, après avoir vainement tenté de se dérober et à l'issue d'un long silence oppressant, annonça, à la stupéfaction consternée des auditeurs, qu'il n'avait rien à dire.. (René de Obaldia, « Ionesco à Cerisy », *Cahiers des Saisons*, n° 15 hiver 1959, p. 249 *sq.*)

2. L'Ange et le Pain, symboles d'un vain espoir de salut matériel et spirituel ?

Page 92.

1. Expression, inachevée, de rupture et d'abandon. Sur le tableau, Ionesco avait imaginé de faire inscrire par l'Orateur : « AAAAAA, rien que des A » (*Notes et contre-notes,* p. 263).

Page 93.

1. Sur la mise en scène de ce tableau final, voir les propositions de l'auteur, citées ci-dessus, dans la notice, p. 109.

Pour « expliquer la fin des *Chaises* », Ionesco citait un extrait des *Promenades et souvenirs* de Nerval : « Le monde est désert. Peuplé de fantômes aux voix plaintives, il murmure des chants d'amour sur les débris de mon néant ! Revenez pourtant, douces images. » Et d'ajouter : « Ce serait ça, peut-être, moins la douceur » (*Notes et contre-notes,* p. 265).

RÉSUMÉ

Les Chaises, comme *La Leçon*, ne comportent ni actes ni scènes, mais des moments nettement distincts et caractérisés non seulement par les motifs du dialogue et l'intervention de divers personnages — ou de fantômes imaginaires — en nombre croissant, mais aussi par un mouvement accéléré de crescendo puis de decrescendo.

Dans une salle obscure et fermée, un vieillard et son épouse, isolés sur une île, essaient de meubler leur solitude et de manifester leur affection réciproque en ressassant leurs souvenirs et en se racontant tous les soirs la même histoire hilarante. Cependant le Vieux, un humble concierge affectant de porter le titre honorifique de maréchal des logis, après une vie d'humiliations et d'échecs, croit avoir un message à communiquer à l'humanité pour la sauver. Il a donc (ou croit avoir) convoqué une assemblée nombreuse et requis un Orateur chargé de délivrer le message en son nom.

Les invités arrivent, un à un, puis de plus en plus nombreux, mais ils sont invisibles — ou imaginaires. À chaque entrée, les Vieux s'empressent d'apporter une chaise et affectent de lier avec leur hôte une conversation, sentimentale ou grivoise. Le mouvement, rythmé par le tintement de la sonnerie, le battement des portes et le transport des chaises, s'accélère au fur et à mesure des arrivées fictives, et le plateau est progressivement envahi de chaises vides accumulées en un tourbillon frénétique. La scène est transformée en une salle de spectacle encombrée de chaises, jusqu'à ce que l'Empereur lui-même (emblème de l'autorité suprême, humaine et divine, aussi irréel que les autres personnages) apporte solennellement aux Vieux, éperdus de reconnaissance et d'émotion, le réconfort de sa présence et de sa majesté.

Arrive enfin l'Orateur tant attendu. Il est, avec les Vieux, le seul personnage effectivement visible et présent sur la scène. Les Vieux, certains désormais que leur message est sur le point d'être offert au monde, et convaincus d'avoir accompli leur destin, décident alors de mourir et se précipitent dans l'eau par la fenêtre.

L'Orateur, d'abord indifférent et silencieux, s'apprête à parler. Mais il signifie qu'il est sourd et muet, et se retire après avoir émis quelques sons inarticulés et inscrit sur un tableau des signes inintelligibles : le message annoncé ne sera donc jamais transmis. On perçoit les bruits du départ de la foule invisible : ils s'amplifient, puis s'affaiblissent, et la scène demeure vide, encombrée de chaises.

DU MÊME AUTEUR

Dans la même collection

LA CANTATRICE CHAUVE. *Édition présentée et établie par Emmanuel Jacquart.*

LA LEÇON. *Édition présentée et établie par Emmanuel Jacquart.*

LE ROI SE MEURT. *Édition présentée et établie par Gilles Ernst.*

RHINOCÉROS. *Édition présentée et établie par Emmanuel Jacquart.*

VICTIMES DU DEVOIR. *Édition présentée et établie par Gilles Ernst.*

TUEUR SANS GAGES. *Édition présentée et établie par Gilles Ernst.*

COLLECTION FOLIO THÉÂTRE

COLLECTION FOLIO

Dernières parutions